曾国藩家风

姜志勇　孔珍珠◎著

新华出版社

图书在版编目（CIP）数据

曾国藩家风 / 姜志勇, 孔珍珠著.
-- 北京 : 新华出版社, 2016.7
ISBN 978-7-5166-2725-9

Ⅰ. ①曾… Ⅱ. ①姜… ②孔… Ⅲ. ①曾国藩（1811-1872）-家族-史料
Ⅳ. ①K820.9

中国版本图书馆CIP数据核字(2016)第181801号

曾国藩家风

作　　者：姜志勇　孔珍珠

责任编辑：王　婷　　**责任印制**：廖成华
封面设计：李尘工作室

出版发行：新华出版社
地　　址：北京石景山区京原路8号　　**邮　　编**：100040
网　　址：http：//www.xinhuapub.com　　http：//press.xinhuanet.com
经　　销：新华书店
购书热线：010－63077122　　**中国新闻书店购书热线**：010－63072012

照　　排：臻美书装
印　　刷：河北鑫兆源印刷有限公司
成品尺寸：165mm×235mm
印　　张：14　　**字　　数**：190千字
版　　次：2016年9月第一版　　**印　　次**：2017年12月第三次印刷
书　　号：ISBN 978-7-5166-2725-9
定　　价：30.00元

目 录
CONTENTS

曾国藩家风解读序

曾国藩立德立功立言被认为是古代完人典范。所谓立言，我想那些在戎马倥偬公务繁忙之中写下的家书，其价值和影响应该丝毫不会逊色于其他许多的诗文注疏吧。蔡锷所辑之《曾胡治兵语录》多出乎其间，蒋介石主持黄埔军校就用作教材，毛泽东在致友人书信中亦曾信手征引，甚至“三大纪律八项注意”也隐约以之为参照。

有副著名对联“世上数百年旧家无非积德，天下第一等好事还是读书”，曾家跻身百年旧家应无疑义，所以，姜志勇这本书解读演绎出的曾氏一家之所以勃兴之所以福祚绵长的基因密码显然值得我们今天好好学习领会参详。积德、读书过于概括抽象，作者的八字箴言：书、勤、和、俭、敬、省、恕、健，则具体得多，不仅便于理解，也便于落实遵行。

“书”当然是基础性的，它不仅意味着知识，也意味着意义和价值。儒家圣贤之书会告诉你人是从哪里来的，会到哪里去，如何才能确立并成为你自己。每一个文化的核心都是由关于这样一组问题的回答和论述组成。亨廷顿之所以把中国叫做儒教文明，就是因为历史上我们以儒家典籍中的这些教导作为自己的信条。与此相关的是“敬”，儒家敬天法祖崇圣，这个敬首先是敬天。曾国藩和本书都主要是从道德修养的涵养功夫和立身处世的敬慎态度来讲，遵循的是宋明理学的一般路径，不能说错，但我觉得有必要指出它的后面存在深刻的信仰意涵，所谓举头三尺有神明，就是敬的源头和方向。本立而道生，指出这一点我认为很有必要。

接下来的问题也许就是，今天什么时代了，这些老古董老黄历还管用吗？

确实，城市化、信息化已经极大地改变了我们的生活图景，也必然带来观念价值上的变化，例如，养老社会化、教育公共化、知识传授“后喻化”（意思长辈需要向后辈学习新知识）导致家庭及其秩序在这方面功能的弱化，作为一种农耕文化的传统，儒家在近代以来的坎坷命运某种程度上正是这种现代性挑战的反映。这里涉及的问题很多，无法展开，但我们只要反向思考一下就不难发现问题实际并非那么简单绝对——为什么正是在经济高速发展、世界日益全球化之时我们却突然意识到了文化和文明的问题呢？读经、国学热、中华民族的伟大复兴，这一切的后面难道不是都存在一个儒学的关键词么？

生生之谓易，易是变易和不易的统一。就像电影一样，武器是变的，珍珠钻石鲜花是变的，但爱恨情仇却不变。与人心人性一样不变的，还有父母夫妻子女兄弟之情，它们不只是生命的外在关系，也是生命的内在构成。人是不曾特化的动物，正是在文化的滋养里丰富饱满并呈现出它的精彩。因为近代的落后挨打，我们曾丧失了对自己文化的信心，因为意识形态的扭曲偏执，我们曾以文化革命之名进行疯狂的文化自残。现在，社会渐回常态，人心人性开始复苏，在向外寻找百年之后，终于意识到“抛却自家无尽藏、沿街托钵效贫儿”是多么的荒唐可笑愚昧无知！

长篇小说《曾国藩》的作者唐浩明在《唐浩明评点曾国藩家书》序中说，“在一段时间内将注意力集中到一个有代表性的人物身上，将他看透研深，再由此一人而去领悟全体”是领略博大精深之中国文化的入门方法。曾国藩无疑是这样的代表性人物，家法门风又是千万为人父为人子的读者们所关注所关涉的基本问题，姜志勇的这本书，可以说是这样一条文化理解、文化传承路线图的最好向导。

诚则灵！找就能找到，让我们就此出发。

是为序。

中国大陆新儒家、首都师范大学教授、原道书院院长　陈明

导语：

从乡村农家到名门望族

——曾国藩家族的奋斗与传承简史

春秋时期，鲁国大夫叔孙豹提出了“立德”“立功”“立言”三不朽的命题，他认为那些在道德、功业和思想上有重大贡献的人，是不朽的人，将会为后世永远铭记。纵览中国二十四史，前辈先贤或在“立德”，或在“立功”，或在“立言”上有所贡献，又或者其中两者兼而有之，但能做到三者兼备的人，只有王阳明和曾国藩。相对于王阳明来说，身处近现代交汇之际的曾国藩离我们更近，也更具有相关性。

一、为什么关注曾国藩和他家族

曾国藩是中国近代史上的风云人物，《清史稿》评价称“中兴以来，一人而已！”他的“立功”主要在于以书生领兵平叛，他的“立德”“立言”则主要在于修身齐家，他是传统社会修身齐家的典范。

在修身方面，曾国藩的渐进苦修法既迥异于王阳明心学，又不同于其他理学家的玄妙幽远，更为具体，更接近日常生活，在宋明清三代理学家中最为独特，且成效显著；不但通过修身悟出了心安、身强、神钦、悦人的秘诀，也帮助其走出了一次又一次的政治、军事困境。在坚持不懈的修炼中，他虽病魔缠身，却摸索出独特的养生保身法，并最终以羸弱之躯走上自身人生和民族历史的巅峰。

曾国藩的齐家是修身的自然延伸，正如四书之一的《大学》所指出的“身修而后家齐”。曾国藩考中进士后，因为要离开湖南老家，远赴北京为官，“家”在他的世界里成为一个只能思念的存在，且随着离家愈久而愈强烈。怀着对家的深深的爱，以及对于家族传承的强烈忧患，他一生中写过1500多封家书，并在家书中对家庭治理、子弟教育、做人做事、修身理财、养生保身、亲戚邻里关系等进行了详细阐述和谆谆告诫。在他的教育、影响下，曾氏子弟代代有人才，曾氏家族成了中国近现代历史上知名的名门望族。

曾国藩影响非常大，近现代许多名人都对他倍加推崇。毛泽东是湖南湘潭人，曾国藩是湖南湘乡人，相互间离得不远，毛泽东很小的时候就受曾国藩影响，年轻时更熟读曾国藩著作，并写下“愚于近人，独服曾文正”的批语。蒋介石一生都在推崇曾国藩，不但在军事、政治上进行模仿，而且在家庭教育上也是如此，蒋经国在《我所受的庭训》一文中说：“父亲认为曾文正公对于子弟的训诫，可作模范，要我们体会，并且依照家训去实行。平常我写信去请安，父亲因为事忙，有时来不及详细答复，就指定曾文正公家训的第几篇代替回信，要我细细去参阅。”台湾地区领导人马英九祖籍湖南，和曾国藩是老乡，父亲马鹤凌一直以曾国藩家书教导马英九，长大后，曾国藩的话“唯天下之至诚，胜天下之至伪；唯天下之至拙，胜天下之至巧”成为了马英九的座右铭。

改革开放之后，随着曾国藩热的兴起，曾国藩家族也越来越为社会各界关注，相关研究日益增多。综合来看，曾国藩家族和历史上的其他大家族相比，有三个明显的特点：

第一，人才多。曾国藩共有五兄弟，五兄弟的后裔里面有成就者高达240多位，其中包括从沙俄手中收复伊犁的外交家曾纪泽，将圆周率推算到小数点后100多位的数学家曾纪鸿，受到梁启超赞扬的戊戌维新派曾广钧，清代著名女诗人曾广珊，台湾东海大学终身荣誉校长曾约农，中国科学院院士、高等教育部副部长曾昭抡，中国第一位在西方获得学位的女子、教育家曾宝苏，全国妇联副主席、叶剑英元帅第三任夫人曾宪植，联合国文教委员曾厚熙，其他人也都在教育、化学、文学、艺术等领域取得了不凡的成就。

第二，传承久。如果从家族的奠基者曾国藩爷爷曾玉屏开始算，曾国藩家族已经传承了十代，中间经历了洋人入侵、清王朝覆灭、北洋政府统治、日本侵华、国共内战、两岸分离等重大的民族和国家危机，都能传承不断，且每一代都有人才出现，这是非常了不起的现象。时至今日，很多研究曾国藩和曾国藩家族的人都在思考同一个问题：曾国藩家族长盛不衰、传承久远的奥秘在哪里？本书就是为了分析解决这一个问题而著。

第三，家风好。体现在几个方面：一是学风好。曾氏家族非常重视子弟的教育，在家训中，读书是排在第一位的。在选择名校名师的同时，也重视家庭的言传身教，家中更有大量藏书，当时能见到的主要书籍都有收纳。二是生活风气好。曾家人日常的家务，很少假手用人，都是自己亲自做，曾国藩认为，做家务既可以锻炼身体，又可以养成勤勉家风。三是注重修身。曾国藩要求子弟戒骄戒傲戒奢，力戒富家子弟、官家子弟习气，保持寒士之风。在这样的家风影响下，曾氏家族没有出现一个坏人，这是非常难能可贵的。

二、曾国藩家族奋斗传承的四大阶段

曾国藩家族发源于湖南的一个普通山村家庭，在爷爷曾玉屏时，这个家庭的十几代人都靠务农为生，且几百年没有出过一个秀才，但在曾玉屏的努力下，迅速发展和崛起，儿子曾麟书考上了秀才，结束了家族几百年没有秀才的历史，孙子曾国藩考中了进士，之后直到新中国成立前，一百多年间一直都是名门望族。总结曾国藩家族的奋斗和传承史，可以分为四个阶段：

第一阶段是起步时期，时间上大致从曾玉屏立志奋斗到曾国藩考中进士。

和大多数湖南人一样，曾国藩的先人是从江西迁徙而来，明末清初，才在湘乡定居，而直到曾国藩出生的前三年，曾家才再次迁到曾国藩的出生地白杨坪居住。太高祖曾元吉时，家境比较富裕，资产一度达数千金，还在衡阳、湘乡等地置有土地、房产。但同一般家庭一样，曾元吉老了后将田宅家产平均分给了六个儿子，仅留四十亩田养老，他的儿子、孙子都没有什么突出的地方，到了曾孙，也即曾国藩祖父曾玉屏时，通过勤劳耕作，家境才又渐渐好起来。

曾玉屏年轻的时候，游手好闲、不务正业，乡里人都认为他以后不会有什么出息。据他自己回忆，三十多岁时，有一天，村里老人喝问："你就想这样度过一生吗？"这一声喝问让他醒悟过来，并从此一改旧习，勤勉治家。曾玉屏在曾氏家族发展史上的贡献主要是三个方面：一是使家族富裕起来。有一个例子可以说明这种财富的变化，曾玉屏少年时，因为家里穷，连祭祀祖先的祠堂都没有，家境好转后，他就和族中老人商议，建立了祠堂，并规定每年的三月祭拜祖先。二是督促子弟读书科举。有了一定的财力后，曾玉屏便督促儿子读书，鼓励他们走科举的道路，大儿子曾麟书资质一般，但毅力坚定，在父亲督促下，先后失败了十六次，终于在第十七次考上了秀才，成为了曾家历史上几百年来的第一个秀才，曾家从此之后进入书香之家行列。三是订立家规家训。主要是八字诀"书、蔬、鱼、猪、早、扫、考、宝"和三不信"不信药医、不信地仙、不信僧巫"，涵括了从精神到行为等日常生活的主要方面，为曾家人提供了生活指南，对家族的发展起到了至关重要作用。"八字诀"和"三不信"对曾国藩有极大影响，他一生都在践行，且多次告诫、督促家人要遵循祖父制定的家训。

值得一提的是，曾玉屏非常睿智，曾国藩考中进士后，家人都非常高兴，不少人还抱着一人得道、鸡犬升天的心思。相反，他却一再告诫家人，"宽一（曾国藩乳名）刚考中进士，事业才刚开始，我们不要麻烦他，让他能专心干事。""他一个人在京城开销也很大，我们家里尽量自给自足，不到万不得已，不要向他要钱。"这是多么睿智啊！正是因为有了他的告诫，曾国藩才能在北京安心读书、做官。

曾玉屏有三个儿子，老大英年早逝，老二即曾国藩的父亲曾麟书，老三曾麒云，曾麒云的一生很平淡，没有什么值得叙述的事迹，他也没有生儿子，过继了二哥的儿子承续香火。曾麟书是个典型的读书人，大半生都在为考秀才而奋斗，他对家族的贡献在于两方面：一是考中秀才，结束了曾家几百年没有秀才的历史。二是督促曾国藩兄弟读书，为了让儿子学得透彻，他想了很多办法，一有空就讲授，不论是在吃饭，还是床上睡觉的时候，且要求非常严厉，必等到曾国藩理解后才肯罢休。在家风方面，他更多的是继承父亲传承下来的治家理念，曾麟书曾命曾国藩写过一副对联：有子孙有田园家风半读半耕，但以箕裘承祖泽；无官守无言责世事不闻不问，且将艰巨付儿曹。可以看出他传承的家风和洒脱的心态。曾麟书在养生方面总结有一些心得，并将其中的保身三法：节欲、节劳、节食传授给曾国藩，对曾国藩思索养生保身法起到了启蒙作用。

第二阶段是腾飞时期，时间从曾国藩考中进士到去世。

曾麟书生了五个儿子、四个女儿，五个儿子按年龄分别是曾国藩、曾国潢、曾国华、曾国荃、曾国葆，五个人在族兄弟中分别排老大、老四、老六、老九、老末，因此，曾国藩平常都称弟弟们为四弟、六弟、九弟、季弟。

曾国藩出生于1811年，5岁时开始在父亲教导下接受童蒙教育，但学习天赋一般，没有像历史中的许多大人物一样少年时就崭露出过人一面，而是一个普通的农家读书子弟，靠着勤奋苦读的笨功夫，一步一步地通过科举之路，秀才考了七次，进士考了三次，其中充满坎坷。曾国藩考中进士的时候28岁，随后在家休息了一年，才进京为官。有的学者认为，曾国藩30岁以前都是庸人，庸人这个词笔者不认可，毕竟能在竞争异常激烈的科举考试中考中进士，已经说明了其区别于大众的一面。不过，他30岁以前的人生乏善可陈却是事实，如果没有后来的际遇，他可能就是大清王朝的一个普通官员，循规蹈矩、平平淡淡度过一生，他的人生也许会比较富足，但绝对不会焕发光彩，更不会像后来那样成为影响历史的举足轻重的人物。

进了京城之后，他的人生开始不平凡起来，先是在初进京的任职选拔考试中获得第二名的好成绩，顺利进入翰林院，并获得道光皇帝赏识，在随后的十年中七次获得提拔，其中一次连升四级，37岁时就成了内阁学士、礼部侍郎，挤入大清官场的核心层次。作为一名汉族官员，这在清王朝成立以来的两百年历史上都是前无古人的。究其原因，除了自身勤奋外，和他的修身有很大关系。当大多数读书人都以当官为科举目的，当大多数读书人越过龙门后就迷恋权力带来的各种好处，沉陷各种享受的时候，曾国藩严格要求自己，把业余时间都花在了理学研究上，并按照理学家的标准来修炼自身，显得是多么不一般。曾国藩的严格修身和勤奋好学，让他很短时间就在京城读书人圈子中小有名气，并引起了道光皇帝的关注和赏识。

曾国藩考中进士，无疑对曾氏家族的发展起到了关键作用，在修建符合曾国藩翰林身份的府邸过程中，曾氏家族最起码在名气上，就已经在当地，乃至湖南省有一定影响力，特别是当曾国藩位列内阁学士、礼部侍郎后，这种影响力就更具有实质性，曾国藩也成了在朝的湖南籍官员代表，湖南遇到需要向朝廷请示、需要朝廷支持的重要事项时，时常会请曾国藩出面上奏，而在这中间，曾国藩家族就成了曾国藩与当地官场联系的一个纽带。不过，曾国藩自律性比较强，在家书中，他时常会要求家人不要介入当地官场，更不能插手当地的事务。

除了这种影响力的提升外，曾国藩对曾氏家族的贡献还在于两个更为重要的方面：一是为家族培养了人才。一个家族的发展，靠一个人的力量是不够的，只有当家族中出现了众多人才，这个家族才能枝繁叶茂，成为真正的名门望族。曾国藩在京期间，对几个弟弟教导很勤，几乎每个月都要寄去家书，考问、指点他们的学习情况。办团练后，几个弟弟先后从戎，四弟在家主持家务，并兼任当地的团练负责人，六弟在和太平军战斗中战死，季弟在攻陷南京前病死，只有九弟最有福分，也对曾国藩的帮助最大。天京攻陷后，曾国藩封为侯爵，九弟封为伯爵，兄弟一日同封侯伯，这在历史上也少见。二是订立家规家训。在爷爷、父亲家规家训的基础上，曾国藩先后制定了“三致祥”“四字诀”“八本说”，并为家中子弟读书、妇女劳作制定了详细的课目。曾国藩家训内容全面，涉及学习生活、为人处世、养生保健的方方面面，但最为突出的还是其中贯穿的引导方向，他要求子弟不做官，要有一技之长，具备不靠家族独立谋生能力，切勿染上富家子弟习气，过简单生活、保持寒士家风。曾国藩对子弟要求很严，但眼光敏锐，不刻板，当两个儿子都不愿意考科举时，当大儿子感到父亲因为语言不通，以至于在和洋人的交涉中存在种种不便，萌发学习英语的念头时，他给予了大力支持和鼓励。曾国藩的幕僚中有中国近代数学家丁取忠、李善兰，当小儿子和他们接触，产生了对数学的兴趣时，他也给予了支持和鼓励。

曾国藩的家训一般通过家书寄到老家，四弟曾国潢扮演了具体执行者的角色。曾国潢因为天赋不高，当大哥进京为官后，作为次子的他，毅然接过了主持家务的重担，他的身上虽然毛病不少，但对于大哥在家书中的告诫，大体都能遵照执行。后来曾氏家族发展越来越好，曾氏子弟个个成才，这里面也离不开他的功劳。

第三阶段是承续时期，时间从曾纪泽接班到辛亥革命。

曾国藩在世时，曾任湘军统帅、两江总督、一等毅勇侯，掌握东南四省军政大权，门生弟子幕僚众多，曾氏家族的影响力达到顶峰。曾国藩共有三个儿子，大儿子婴儿时就夭折，二儿子曾纪泽，三儿子曾纪鸿，在他去世后，曾纪泽继承了爵位。

无论是按照古代标准，还是现代标准，曾纪泽都是一个优秀的继承人。他很早就在父亲身边学习处理各种事情，深得父亲真传，在父亲去世后，他恪守父亲家训，把家治理得井井有条。与此同时，他还是近代史上的著名外交家，曾担任清政府驻英、法、俄大使，也是当时秉承“经世致用”新思维的知识分子。1881 年，在中俄谈判中签订《中俄伊犁条约》，收复伊犁，这是中国近代史上唯一一次获胜的外交活动，维护了国家的主权和尊严。1884 年，与英国议定《洋药税厘并征条约》，为清政府争回每年增加烟税白银 200 多万两。

曾纪鸿也是一个很优秀、上进的人，曾计算出圆周率 3.14 后的 100 多位数，这是一个了不起的成就，在圆周率计算研究史上占有一席之地，西方人对他的计算方法非常感兴趣。可惜 33 岁的时候就去世了。

曾纪泽、曾纪鸿两兄弟继承父辈家业，秉承父辈教导修身齐家，曾纪泽还学习父亲写日记，坚持 20 年不断绝。

值得一提的是，曾国藩的后人在曾纪泽、曾纪鸿兄弟那里分为两脉，但曾纪泽一脉生育能力堪忧，他唯一的亲生儿子曾广銮继承了爵位，但没有生育儿子，因此，他这一脉在血缘上就没有传承下来。曾纪鸿育有四个儿子，后嗣昌盛，今天我们说的曾国藩的后裔，实际都是曾纪鸿的后人。

第四阶段是出新时期，时间是辛亥革命之后。

曾纪泽兄弟恪守祖辈的家训治家，但因为曾纪泽长期在京城和国外工作，而曾纪鸿又英年早逝，所以，湖南老家的实际主持人就是曾纪鸿的老婆郭筠，她对曾氏家族的发展有重要贡献，甚至可以说是曾氏家族史上继曾玉屏、曾国藩之后的第三位关键人物。

郭筠的父亲郭沛霖号雨三，与曾国藩是同科进士，后又一同在翰林院做官，因为相互欣赏对方的才华和人品，在曾纪鸿一岁的时候，两家就定下了娃娃亲，而郭筠比曾纪鸿大一岁。郭沛霖对孩子教育非常重视，且思想开明，郭筠虽然是女子，但很小的时候就随父兄读书，在父亲的督促下，不仅能写作制艺文字，诗文辞赋亦有一定功夫。咸丰九年，郭沛霖在与太平军作战中因伤过重，不治而亡，郭筠时年仅 13 岁。郭沛霖为官清正，没有留下多少家产，郭筠协助母亲操持家务，很快表现了治家才能，在当地成为美谈。

同治六年，郭筠与曾纪鸿完婚，因为当时曾国藩已经是一等侯爷、大学士、两江总督，嫁到曾府后，她没有一般女子嫁入侯门后的骄纵之气，严格遵守曾家的家训，参与家庭劳作，且不忘学习诗书，曾国藩见她非常好学，亲自给予指导。她后来回忆说："我十九岁结婚，大部头的书，如《十三经注疏》《御批通鉴》等都是到曾家来，在文正公指导之下才读的。"曾国藩是一位遍览中国典籍的饱学之士，思想较为开明，儿媳是好友女儿、儒门淑女，又肯用心学，遂大力教导培养。

主持家务后，郭筠秉承先人遗训，勤俭治家，告诫子孙不染纨绔习气，力求自立自强。并根据民国后的时事变化，订立了新的家训《曾氏富厚堂日程》，要求子孙天天做到，时时遵守。《曾氏富厚堂日程》共六条：

一、男女皆应知习一样手艺；

二、男女皆应有独自一人出门之才识；

三、男女皆应知俭朴，每月所入必敷每月所出，人人自立一账簿，写算不错；

四、男女皆应侠义成性，不要行为有亏；

五、男女皆应抱至公无私的心肠，外侮自不能入，而自强不求自至矣；

六、我家行之，一乡风化，则强国之根，基于此矣。

郭筠的《曾氏富厚堂日程》，给曾家的治家“八字诀”“八本说”“四德”注入了崭新的内容，强调男女一律平等、男女都要自强自立。这非常符合当时社会潮流，在她的培养下，子女个个都具有独立精神。

郭筠育有四子一女，长子曾广钧，在母亲严格训导之下，于光绪十五年中进士，时年 23 岁，是继曾国藩后曾家的第二位进士。在对孙辈的教育上也非常用心，对于四个儿子的子女，不论男女，每房留年纪最大的一个，从小带在身边亲自督课，不但请中文老师，而且请了日本人教日文，请了懂英文的中国人教英文。

曾国藩祖宅富厚堂建有左右两座书楼，分别是求阙斋和归朴斋，前者是曾国藩和曾纪泽藏书、看书的地方，后者是曾纪鸿看书的地方。曾纪鸿去世后，郭筠每日在归朴斋看书，并将书房命名为“艺芳馆”，郭筠字诵芳，晚年号艺芳老人。孙女曾宝荪是著名的教育家，民国时在长沙创办现代式的艺芳女子学校，就以祖母的名字命名；晚年在台湾时，又将祖母的诗集出版，取名为《艺芳馆诗存》，可见祖母对她的影响之深。曾宝荪在《艺芳馆诗存·前言》中说：“先祖母高瞻远瞩，在光绪末年已知国内政治势趋鼎革，而学术演进，偏重科学，除长孙女早适姚氏外，其余三房男女孙辈，均令其远赴英美学习科学。”

郭筠 1916 年去世，享年 69 岁，在她的教育下，曾国藩后辈人才很多，且大都获得国外大学学历。

另外，和郭筠同辈的刘鉴也是一位重要人物。刘鉴是曾国荃次子曾纪官的妻子，曾纪官少时有才华，曾国藩称其为“少年秀才”，可惜身体不佳，

29岁的时候就不幸去世。刘鉴出身书香门第，曾祖父、祖父都是进士，父亲担任过知府，在长辈教育下，她诗词文赋、琴棋书画均有涉猎，享有才女美誉。曾纪官去世后，她主动承担家务和教育家中子女的责任，受到曾国荃赏识，不仅令两个女儿向她学习，还将其他子孙后代都交给她教养。

刘鉴在继承曾氏家训的基础上，根据时代的变迁和曾家实际情况，编写了《集字避复》和《曾氏女训》。《集字避复》是识字教材，收录常用字3800多个，没有重复。《曾氏女训》共三卷，是家庭女子的教材，在古人女子教育思想基础上，吸收了近代男女平等的思想。《曾氏女训·总论》写道：

“昔贤于闺范编纂，征引嘉言，师法懿行，洵足以砥躬励节，昔后世不以教女为重，并先训亦《女诫》、《论语》具文视之。虽有之传，或病其艰深，或易其浅近，授之之际，讲实固多忽略，领会亦勘微，以故莫收相长之益。矧当此海禁洞开，欧风东渐，凡有负文明者，发言遗辞，莫不以扩充民智，张大女权为宗旨，然知新而不温故，趋时而不述古。祖学既晦，率旧无从，徒使女界前途如蒙昏雾……为归则反对翁姑丈夫，为女则耿耿父母兄弟，自生和阻力，妨害进步。”

她认为，先贤编撰的关于妇女品德的书，足以磨砺节操德行，可惜后世不重视女子教育，这类书虽有流传，却没有发挥太大作用。欧风东渐以来，关于女子的教育以伸张女权为主，与传统的教育区别很大，致使传统与现代之间存在割裂，女子受了教育后，回到家里则反对父亲、丈夫和兄弟，逐使家庭失和，妨碍进步，这在当时是普遍现象。刘鉴既对传统教育表示不满，也对新式的女权教育“趋时而不述古”，割断现代与传统的做法持反对态度。

《曾氏女训》在近现代史上，比较早地把德育、智育、体育并重的思想吸收到家训中，设置了德育16课、智育8课、体育8课。

刘鉴1930年去世，享年78岁，曾国荃的后人多有成材，就得益于她的教导。叶剑英第三任夫人、全国妇联副主席曾宪植的父亲曾昭和是刘鉴一手带大的，他14岁就中了秀才，是中国最后一批秀才，曾宪植小时候也跟着刘鉴读书。

1949年后，曾氏家族的后裔有的留在大陆，有的去了港台，有的远赴欧美，但无论身处哪里，他们都严守家训，低调做人，勤俭生活，在各自的领域都有所成就。曾家的后辈们，虽然不再像祖辈们那么显赫，但也出了很多专家、学者型人才，而且只要恪守祖辈传下来的家风家训，谁能说他们中不会再次出现伟大人物呢？

三、曾国藩家族的特质与核心价值观

以上简要叙述了曾国藩家族的奋斗和传承历史，在这部历史中，我们能看到一幅以曾氏家族为主的珍贵画卷正缓缓打开：居于湖南湘乡的一户普通农家，通过努力奋斗，在30多年的时间中，一步一步成为当地、湖南省乃至全国最有影响力的家族，并传承了近200年，历经十代而不衰！这是神奇的现象。

战国时的儒家亚圣孟子说过，“君子之泽五世而斩”，他通过对历史上家族兴衰的分析，得出结论：无论什么样的家族，从创始人开始，一般都传承不过五代，五代之后都逃脱不了衰败、沉沦的命运。孟子提出的这个观点得到了历史的印证，成为家族传承的魔咒，在其之后的中国历史上，无论是《百家姓》里的赵钱孙李、周吴王郑等世家大族，还是其他的富裕家族、权贵家族，绝大多数都逃脱不了这个魔咒，只有极少数的家族，如孔子家族、皇权家族，依靠国家政权的力量和民族文化的影响，把自身家族命运和政权的命运、文化的命运紧紧联系在一起，才能传承得久远一些，但中国历史上的王朝最终都逃不脱灭亡的命运，与之连带的皇权家族也会随之衰亡、解体。孔子家族和中华民族的文脉联系在一起，家族的命运也是起起伏伏，几经兴衰，文化兴则家族兴，文化衰则家族衰！

而不论是政权的力量，还是文化的力量，能依靠这两种力量来维系家族传承的，历史上只有极少数，绝大多数家族都不具备这种条件。那么其他的家族，不具备这样条件的家族该如何维护家族传承呢？从历史来看，家风、家训在其中起到了很大的作用，曾国藩家族就是其中的佼佼者，也是少数成功维系家族传承不衰的案例。

在上文展示的曾国藩家族的历史画卷中，除了奋斗传承之外，如果看得更具体些，至少还能看到以下几个方面的现象：

第一，家族创始人或奠基者具备优良的品质，富有远见又行事踏实。曾国藩的爷爷曾玉屏无疑是曾家事业的奠基者，曾家的人才培养、家风家训创立、生活劳作习惯的养成，都离不开他的功劳。据曾国藩回忆，爷爷具有早起的习惯，每天黎明即起，白天忙于劳作，且种菜、养猪、养鱼、督促子弟读书，一件都不忽视。他非常注重家庭内部的和谐，也重视维护和亲戚邻里的关系，并告诫家族子弟，家族的“宝”不是珍稀的金银玉器，而是和谐的邻里关系。面对当时农村盛行的迷信，他立下了“不信僧巫、不信地仙、不信医药”的家训，显示了敏锐的观察力和远见，当时农村里的迷信思想大都由僧、巫及各类冒充神仙的人传播，他告诫子弟要远离这类人，“不信医药”则是基于农村走方郎中多、疾病治愈率低、因病致贫率高的社会现实。在他看来，一个好不容易才富起来的家族，如果因为给某个人治病，就倾尽家族所有，而且治愈率不高，这样的做法是极其不妥当的，他的身边不乏因病致贫的例子。曾国藩也说，他曾见到有亲戚和他家经济条件相似，但因为疾病，导致后来两家差异很大，亲戚家的穷困让他感触很深，也进一步坚定了继承祖父“不信医药”家训的信念，并用一生来践行。

第二，注重建立家训，培养良好家风，并能因时而变，不因循守旧。曾国藩家族的一个特点是非常重视家训，从曾玉屏时期就开始建立，后代不断补充完善，特别是清末民初，面对国家、民族及文化的大变革，能及时做出调整，吸入了男女平等、独立自由等观念。曾国藩家族以家训治家，家训是家庭的规矩，涉及家庭内部兄弟妯娌关系、生活习性、劳作方式、为人处事交友、理财观念等方方面面。另外，曾家家训不是长辈对晚辈的单方要求，而是全体家庭成员都需要遵循的规矩，长辈对晚辈的教导，身教和言教一样重要。曾国藩家族的家风是耕读之风、寒士之风，不论他的家族达到了何种高度、具备何种影响力，他都要求子弟保持耕读家风，重视劳作和读书，在生活上去奢守简，保持寒门家庭的那种勤俭习惯，在他的要求下，家里只请了少量的用人，大多数的家务都是家人自己动手做的，在新儿媳刚进门时，就要求其参与家庭家务，日常的梳洗也不要假手他人。

第三，注重对子弟的教育，宽和包容，尊重兴趣。曾国藩家族人才辈出，这和他们对教育的重视有关。和今天的人一样，他们非常重视学校教育，在学校选择、老师的选择上非常用心。曾国藩选择学校的标准：一是名校，二是学习风气好，三是同窗要朴实肯学，他不愿意子弟染上不良习惯。选择老师的标准：一是有真学问，二是品德好，三是志同道合，注重寻访山林之中的老师，因为他们不像城里的老师那样身具市侩之气，也注重寻访在教育子弟上已有成就的人，特别是那些自身子弟成才的人。曾纪泽、曾纪鸿兄弟的老师，有很多是曾国藩的朋友，这些人他比较了解，且志同道合。学校教育之外，对家庭教育也非常重视，曾国藩虽然平日政务军务繁忙，但从不忽视对子弟学习的关注，要求子弟定期把诗文寄来，每篇都认真批改。在家书中，经常传授自己的学习心得、经验，对于自己读书的教训、不足也不避讳，当子弟在某方面展示出兴趣时，会予以支持，并从自己的角度提出建议。从他的家书中，我们能看出，他和两个儿子之间，在学习上是亦父亦师亦友的关系。作为近代中国最早和西方世界打交道的人，他无疑具有其他人所不及的世界眼光，通过和西洋人的接触，他敏锐地把握到未来的中国精英将不可避免和西洋人交往、竞争，在这种认识下，他鼓励曾纪泽学习英语，而这在当时的中国士大夫眼中无疑是离经叛道，后来曾纪泽成了著名外交家，从沙俄手中收复伊犁，就得益于父亲对他兴趣的尊重和鼓励，如果父亲反对，不能学习外语，曾纪泽也许就不会走上外交之路，也不会有以后的成就。

第四，在家族传承上，相对于权力、财富等传承，更注重精神传承与核心价值观的传承。曾国藩是大学士、总督、湘军统帅，官至一品，在当时的中国官场中具有重要的影响力，他推荐的官员朝廷很少有不重用的，按理说，拥有这样的家庭条件，子弟进入官场是一个不错的选择，可他却要求子弟尽量不踏入官场。在财富上，他明确表示把财富留给子孙，不如把书留给子孙，在他死后， 留给子弟的财产只有几百两银子，却有一个大型的藏书楼，曾国藩故居富厚堂书楼的藏书量一度达 30 万册，是保存至今的近代中国私人藏书第一书楼。相对于财富、权力的传承，曾国藩更重视精神的传承，而这种精神体现在价值观中,既包括祖父归纳的“八字诀”,也包括他归纳的“八本说”“三致祥”“四字诀”，还包括郭筠的富厚堂日程“六条”。笔者将曾家的价值观进行了梳理归纳,提炼出其中最核心的八个:书、勤、和、俭、省、恕、敬、健,并对其进行了一一阐述。曾国藩家族传承的秘诀，尽在这八大核心价值观中。

第五，治家与修身、做事、理政等紧密结合，相辅相成，核心价值观一以贯之。曾国藩的治家理念、方法，与修身、做事、理政等的理念、方法，是相通、一以贯之的，修身的同时就在治家，治家是自我修养提升的自然结果。四书之一的《大学》提出，“古之欲明明德于天下者，先治其国；欲治其国者，先齐其家；欲齐其家者，先修其身”，“身修而后家齐，家齐而后国治，国治而后天下平”。可以说，在曾国藩的身上得到了很好体现，他是集修身、齐家、治国、平天下于一身的圣人。

四、对当代家族传承的八大启示

曾国藩家族的奋斗、传承史，对我们今天的家庭建设、家庭教育、家族传承、社区建设、自我修养等具有重要的启示。

一是每一个家庭，即使是最普通的家庭，都可能发展为名门望族，每一个人，只要愿意，都可能成为自身家族发展史上的创始人或事业的奠基者，前提是需要像曾国藩家族及其成员一样的勤奋、努力。

二是家庭建设的关键在于家风。家庭是最基本的组织，我们每个人一生下来，就处于一定的家庭之中，日后成长的过程中，可能会在不同的组织学习、工作，可能会变换很多不同的单位，但家这个组织却是终生的。家风的好坏，直接影响到我们的生活感受、幸福指数，直接关系到子女的成长和家庭成员的身心健康。好的家风标准是“和”，包括家庭成员之间的和谐，也包括家庭与外部关系的和谐，更包括心灵的和谐。

三是家族传承要有“魂”。“魂”是家族成员，特别是家族代际成员间共同认可、遵循的核心价值观，如果一个家族只有财富、只有权力，却没有“魂”，就不会是凝聚力高的家族，其传承和发展肯定要受到影响。目前，家族传承领域关注较多的是家族企业的传承、财富的传承，家族企业传承重点关注企业的控制权、所有权、经营权如何长久保持在家族手上，财富传承重点关注家族财富在传承中如何保全、保值、增值，对家族“魂”的关注少，在核心价值观上投入的精力和财力也少。缺乏“魂”的家族，在传承过程中，一定会遇到家族成员间因理念不同、利益纠纷、财产分割等而引发的矛盾，而这类矛盾是导致家族解体、衰败的重要因素，历史和现实中有无数的案例。

四是富贵家族要有忧患意识，要保持寒士家风，过简单生活。对于我们社会中的富裕家族、上层家族来说，一定要防止子弟养成骄奢习气，即使家族条件再优越，也要让子弟养成奋斗的习惯。过简单生活，保持寒士之风，不是有钱不花，而是要避免铺张浪费。

五是要重视家庭教育和教育的品质。目前，有一些家长为了让孩子有好的教育条件，加入了择校、买学区房的大军之中，还有一些家长让孩子读天价学校、贵族学校，却因为工作忙，很少有时间陪孩子，更不要说和孩子一起学习、游戏。其实，相对于外在的学习环境来说，家庭教育更重要，在关注教育物质条件的同时，也应关注教育的实际品质，如果孩子在成长的过程中，得不到父母的关爱，或者父母不能给予很好的言传身教，那么他的成长之路将会遇到更多坎坷，他的心灵会更加孤独寂寞，其未来的身心健康状况堪忧！

六是要有意识地学习修身养心保生之道。在孩子小的时候，就应让他们接触、学习这方面的知识。今天的学校教育主要是知识教育，很少涉及修身养心保生方面，这造成我们今天的大学生心灵非常脆弱，一遇到挫折就容易走极端。强大心灵和健康体魄是幸福生活、辉煌事业的基础，我们要从小教育孩子，让他们从小就学习修身养心养生之道，从小就懂得如何保养身体、调节心理。

七是社区建设、国家建设要和家庭建设结合起来。家是最小国，国是千万家，家庭建设好了，社区、国家才能建设好。古人修身、齐家、治国的理念是相通的，今天我们也要在家庭建设、社区建设、国家建设之间寻找共同的核心价值观，通过核心价值观的纽带，把家庭、社区和国家串联起来。

八是中国家族传承离不开中国式智慧。西方文化是强势文化，在家族传承领域亦然，强调制度在家族传承中的重要性，在这种文化观念中，无论是家族企业，还是家族财富的传承，抑或家族接班人的培养，都可以通过制度设计来实现。不过，近年来，不少学者更加关注传统文化与家族传承的关系，特别是对中国家族来说，如果不能在文化上和中国保持同步，不能在文化上受到家族所在地人的认可，那么，这样的家族，其培养出的接班人，是很难适应中国土壤的，其家族传承也是很难长久的！马云曾说："阿里巴巴要选接班人，不能采用西方的管理方式，认为只要从外面聘请一个总裁，企业就能传承好，这是不对的，企业要保持传承，必须从内部培养接班人，培养那些具有共同价值观的人，培养那些能获得认可的人。"这是具有洞见力的言论。对那些真正关心自身家族传承的人来说，中国传统智慧是中国文化的体现，而只有扎根于中国文化，扎根于中国的深厚传统，家族才能根深叶茂、传承久远！

第一章
家风一：书

曾国藩家族是典型的乡村家族，具有中国传统家族的共同特点：重视子弟读书，把培养读书人作为家族的重要责任。曾国藩在长期的读书生涯中形成了一套方法，包括为学四事、读书四法，涉及看生书、温旧书、作文、习字等多个方面，尤其可贵的是，他认为读书的目的有两个：一是进德，二是修业。这有别于大多数人读书做官的功利心态，在这种观念的影响下，曾国藩的后人，虽然由于机缘不同，分散在各行各业，但无论在哪个行业，都做得很好，涌现出了很多专家。

关心家族传承的人肯定会有一个疑问：什么样的家族才能传承久远？或者说，要如何教育子弟才能保证家族一直传承下去？中国有两千多年历史，期间出现了无数的家族，这些家族无一不想传承久远。在漫长的历史中，古人发现能让家族传承久远的不是财富和权力，而是读书及品德，“忠厚传家久，诗书继世长”，历史上的权贵豪门大多过不了几代就灰飞烟灭，而书香门第、忠厚之家则家运绵长。在品德与读书中，读书占据更为重要的地位，一个人光有忠厚的品德，却不读书，没有学习与创造能力，也是很难保住家族传承的，更不要谈发扬光大了。

从历史与现实来看，创业成功和读书多寡没有必然关系，一个没有多少文化知识的农民，也可能通过努力拥有亿万家产，但要保住这份家产，并让子孙较好传承下去，则不能不读书，不能不学习先进的文化知识。民国时期，九江奇人张静江的祖先以卖糕点为生，祖父通过经商、大办盐场，使得张家成为九江的第二大家族，到张静江时，张家已经成为全国有名的望族。早年，他曾求教好友，担任过同治、光绪两朝帝师的翁同龢如何保证家族传承，翁同龢题写了一副知名对联：“世间数百年旧家无非积德，天下第一件好事还是读书”，经典地归纳了中国古人的传家观念。在翁同龢的影响下，张静江将自己的五个女儿从小就送到法国学习，盖因他认为，未来中国的商人要想立于世界的潮头，不能不了解西洋文化，也不能不和西洋人打交道。

读书不但能增进知识、提高素养、陶冶情操、开阔心胸，而且是社会阶层流动的关键因素，社会底层的人通过读书进入中上层，中上层的人通过读书达到更高的层次和境界，反之，则可能掉落到次一层，甚至更低层。

读书作为一种学习的过程，也是学习能力、创造能力的重要培养途径，对于一个家族来说，后辈子弟是否具备学习能力、创造能力是家族事业能否持续兴旺的关键所在，面对未来的不确定性，一个家族要想从容应对各种风险挑战，无论面对何种困难都能长久屹立，就必须不断通过读书来提高学习能力和创造能力。

其实，对于读书的重要性，中国古人很早的时候就注意到，并提到了做人、成人的高度。儒家先秦重要典籍之一的《礼记·学记》记载：

“玉不琢，不成器；人不学，不知道。是故古之王者建国君民，教学为先。”

即使是质地再好的玉，不经过细心雕琢，也成不了精美的器皿；人虽然是万物之灵，如果不懂得学习，也不会明白天地人间的道理，所以古代王者建立国家后，第一件事就是设置学校，教化百姓。

“虽有佳肴，弗食，不知其旨也；虽有至道，弗学，不知其善也。是故学然后知不足，教然后知困。知不足，然后能自反也，知困，然后能自强也。”

即使美味佳肴摆在前面，但如果不品尝，就不会知道其中的滋味；即使知道世间的天地大道，但如果不认真学习，也不会理解天地大道的真意。不会学习的人往往是自大的，而善于学习的人因为知道自己的不足，往往表现谦恭有礼，并会时常反省自身的不足，有强烈的上进心和进取精神。

中国古代另一部经典《三字经》也非常重视学习，认为进行学习和接受教育是人生的头等大事，不学习礼仪，就难以融入社会生活之中，而“养不教，父之过；教不严，师之惰”，养育子女却不进行认真教育，是父母的责任，施行教育却没有严格要求，是老师的责任。《三字经》成书于宋代，因浅显易懂成为必读书，大凡读书人在幼年的时候都要在老师的督促下学习、背诵其中内容，很多家族都把其中内容吸纳到家训之中，用来教育子弟。

一、曾氏家训首重读书

曾国藩家族是典型的乡村家族，具有中国传统家族的共同特点：重视子弟读书，把培养读书人作为家族的重要责任。曾国藩的爷爷曾玉屏早年游手好闲，三十以后幡然悔悟，奋发图强，为了防止家族中再有人走错路，他从自身的教训出发，并吸收周围家族的做法和经验，订立了治家“八字诀”：

书、蔬、鱼、猪、早、扫、考、宝

“书”排在第一位，指读书学习，“蔬”指种菜，“鱼”指养鱼，“猪”指养猪，这四个字充分反映了中国古代农耕社会的特点，体现了传统的“耕读文化”。古人云：“一等人忠臣孝子，两件事读书耕田。”在农耕时代，耕田是养家糊口的谋生手段，是生存之本，读书是修身养性的重要方式，也是进取之路，是农家子弟改变命运的主要通道，多少农家子弟通过读书改变了自己和家族的命运。曾玉屏是中国耕读文化的信仰者，他在祠堂旁张贴一副对联：“敬祖宗一炷清香，必恭必敬；教子孙两条正路，宜读宜耕。”值得一提的是，曾国藩的父亲曾麟书也有一副对联，可看出曾氏传承耕读家风：“有子孙有田园家风半读半耕，但以箕裘承祖泽；无官守无言责世事不闻不问，且将艰巨付儿曹。”

“早”指早起，“扫”指打扫房屋，“考”指祭祀祖先，“宝”指邻里亲族关系，曾玉屏以邻里亲族关系为宝，在他看来人与人之间真诚相待是无价之宝。前四个字是生存进取之本，后四字是日常生活规范，其他七个字都致力于维持生活、维持规范、维持关系，只有“书”是致力于突破现有状态获得提升，包括心灵、修养、生活质量、社会地位等的提升，也正因为读书能全面提升一个人和一个家族，所以古人才把读书放在了和生存——耕田——同等的地位。

曾玉屏的“八字诀”深刻地影响了曾国藩，可以说他一生都在践行这八个字，更富有意义的是，曾国藩不仅继承了“八字诀”，而且以他睿智的历史洞察力和多年读书、从政、治军的丰富阅历，提出了“八本说”，并制成匾挂在正堂，用来时时教育家中子弟。

读古书以训诂为本，作诗文以声调为本，
养亲以得欢心为本，养生以少恼怒为本，
立身以不妄语为本，治家以不晏起为本，
居官以不要钱为本，行军以不扰民为本。

可以看出，在“八本说”中，读书依然是排在首位的，并从祖父时代的一个“书”字，演变为两句话，对子弟的读书进行了更为明确的要求和指导。

“读书以训诂为本”。训诂有两种意义，一种是训诂学，主要研究文字的来源、演变、本义与延伸义，类似于现在的文字考据学；另一种是作为方法的训诂，比训诂学的含义要狭窄。训诂代表了古人认真、严谨的治学态度，曾国藩借用训诂一词，用来教导家中子弟认真读书。在曾国藩看来，读书时要弄清来龙去脉，不要一知半解和不懂装懂，这样读书才有成效，这是读书之“本”。

“诗文以声调为本”。在读书考科举之外，作诗是古代读书人的一项基本能力要求，所谓“诗言志”，诗能否写好反映一个人的志向、胸襟和情趣，曾国藩多次教导儿子曾纪泽通过写诗来养成一种冲融的胸襟，并要求他重点学习陶渊明、韩愈等人的诗。一首好的诗读起来一定是抑扬顿挫的，写的时候一定要注重声调的搭配。曾国藩一辈子写了很多诗，也从中体会到了读书的乐趣。

曾国藩爱读书，即使在军务繁忙的时候也要挤出时间来，他曾在家信中说：“余性喜读书，每日仍看数十页，亦不免抛荒军务，然非此则更无以自怡也。”在这种对书的热爱之情下，他购买、收藏了大量的书，有一次，他在家信中说自己一辈子生活简朴，也没有存多少钱，唯有衣服和书多，衣服多是因为公务的需要，身为钦差大臣、两江总督、湘军统帅的他，要出席各种活动、见各种人，加之官员体面的需要，不得不准备大量的衣服，这实非他所愿，但书多却是主动购买的。在曾国藩的影响下，他的后人也养成了读书、购书、藏书的习惯。

曾国藩的书都藏在老家富厚堂的书楼里面。富厚堂的藏书分“公记”“朴记”“芳记”三部分，“公记”收藏的是曾国藩读过、批示过的书籍，以经、史、子、集、地方志、家藏史料及宋元旧本为主；“朴记”收藏的是曾国藩长子曾纪泽常用书籍；“芳记”为其次子曾纪鸿夫妇藏书。据统计，“富厚堂”内藏书曾达三十余万卷，超过近代史上著名的私人藏书楼山东聊城海源阁、江苏常熟铁琴铜剑楼、浙江宋楼、杭州八千卷楼，是当之无愧的近代私人藏书第一楼。由于曾氏家族的特殊地位，其藏书是研究中国近代史的重要资料，目前，富厚堂藏书楼已经成为国家重点文物保护单位。

二、读书四法与为学四事

曾国藩读书非常用功,他在京为官时,制定了每日需要完成的十二条功课,其中读书就占五条,分别是:

读书不二:一书未点完断不看他书。东翻西阅,都是徇外为人。

读史:《二十三史》每日读十页,虽有事不间断。

作字:早饭后做字半时。凡笔墨应酬,当作自己课程。凡事不待明日,愈积愈难清。

日知所亡:每日记《茶余偶谈》一则,有求深意是徇人。

月无亡所能:每月做诗文数首,以验积理之多寡,养气之盛否。不可一味耽着,最易溺心丧志。

在以上五条中,曾国藩对自己每天的读书、练字、写作都做了要求,并通过制定功课表督促自己坚持做下去。

曾国藩读书非常用功和专心,在多年的读书生涯中总结出了一套读书方法。他在家信中从看、读、写、作四个方面来阐述自己的读书方法:

"读书之法,看、读、写、作,四者每日不可缺一。"

"看"指泛读,不要求做到熟练,主要是用来扩大知识面,比如看《史记》、《汉书》《近思录》之类的书。"读"指精读,要求弄懂和记熟,而且要求大声读出来以体会其中含义,比如读《论语》《诗》《书》《易》《左传》《昭明文选》之类的书,还有李白、杜甫等人的诗,欧阳修、韩愈等人的散文,这类书非高声朗诵不能体会其中雄伟的气概。

他对"看"和"读"进行了区分,譬如富贵人家,看书是在外做贸易,能够获利三倍,读书则是在家慎守,生活节约、不轻易花费;又譬如兵家战争,看书是攻城略地、开疆拓土,读书则是构筑深沟坚垒,善于防守;他还用孔子得意弟子子夏的"日知所亡""无忘所能"来进行比喻,看书如"日知所亡",每日都反省自己有什么不足,进而改正扩充提升自己,读书如"无忘所能",牢记自己的长处,并经常温习巩固,做更为透彻的理解。

“写”指写字，“作”指作文，曾国藩要求自己每天、每月都要做，通过不断的练习来获得提升。写字和作文是一个需要长期练习的事情，只有长期坚持下来，才会有收获。

今人讲读书要注重“听、说、读、写”，曾国藩那个时候就注意到了这个问题，和现代理念是一致的，他还提到了学习必读书和非必读书、读书的精与博问题，可见他是一个真正善于读书的人。

除了读书四法之外，他还总结了“为学四事”，指出读书中需要注意的四个问题，并以之来勉励后辈子弟。

1. 看生书宜求速，不多读则太陋；

2. 温旧书宜求熟，不背诵则易忘；

3. 习字宜有恒，不善写则如身之无衣、山之无木；

4. 作文宜苦思，不善作则如人之哑不能言、马之肢不能行。

以下分别解释其中真意。

第一，“看生书宜求速，不多读则太陋。”“生书”有两种解释，一种是没读过的书，一种是非必读书。在曾国藩的时代，对读书人来说，科举考试要求看的书是必读书，其他的书虽然考试不考，但可以用来开阔眼界、扩大知识面，曾国藩认为，对于这类书要看得快，看得快才能看得多，并积累多。儿子曾纪泽和曾纪鸿看书都比较慢，经常为了弄懂一段文字耽误太多时间，他多次写信进行劝慰和指导，他说，每天至少要看二十页书，不必受“在精不在多之说”之类观点的困扰。有不能记住的地方，不要苦求强记，遇到难解的地方，不必过于苛求自己一定要读懂，今天看几篇，明天看几篇，时间久了自然会有领悟。当时曾国藩的老家，就有不少人过于追求一个“懂”字，不弄懂就不往下看，结果若干年下来还没有读完一本书。对于这种死板的读书现象，曾国藩要儿子引以为戒，切记这方面教训，如果亲戚之中有人犯了类似错误，也要告诉他们尽快改过来。

第二，“温旧书宜求熟，不背诵则易忘。”相对于上面的“生书”，这里的“旧书”就是考试要用的必读书，例如四书五经，这类书要反复读，做到能背诵，并经常温习，否则时间一长就会忘了。古代读书人是要参加科举考试的，虽然读书不必以考试为目的，但参加考试，想过关就必须熟读背诵，特别是明清时代的八股文考试，很多都是需要死记硬背的题目，例如考卷中会有四书五经中的一段话，但中间缺了一些字，要求考生填上，类似今天的填空题。另外，即使是策论题，也是从四书五经中抽出一句话，然后让考生去解答，解答的时候需要对这句话的出处及意思记得非常清楚才行，回答的时候最好也是引经据典，这样才能获得较好的成绩。曾国藩是科举考试的过来人，深知科举考试答题的关键所在。

三是“习字宜有恒，不善写则如身之无衣，山之无木”。对古代读书人来说，读好书的同时还要练一手好的毛笔字，而毛笔字的练习需要毅力和耐力，需要长期坚持，只有坚持若干年勤学苦练后，才能有所成效。古人对字的好坏非常重视，认为“字如人之衣冠”“字如其人”，把字看作自身的名片，西汉的杨雄认为，“字，心画也”，东汉的赵壹认为，“字之好坏，在心与手”，都认为字的好坏和人的内在心理有关，字写得如何，能反映一个人的品行和修养，最起码能说明一个人是否勤奋好学。在历朝历代举行的科举考试中，都把字的优劣放在了举足轻重的位置，对考生考卷的书面要求是“黑、大、光、圆”，墨色要黑，字要饱满，撑满了格子，笔画要光溜圆满，卷面整洁。考官对于字写得好的答卷会格外留意，不少人因为字写得好被录取，而字写得差的人几乎是不可能中举的。在这样的背景下，曾国藩自己一生都在坚持练字，并督促弟弟、儿子们练。

六弟曾国华比较有灵性，但毅力不足，练字的时候经常换帖，有一次换了《千字文》的贴来练习，曾国藩在写给他的信中说，“练《千字文》也可以，不过一定要有恒心，每天要临帖一百个字，万万不能间断，坚持下来，几年后，字就会有一定水平，甚至成为书法家。”咸丰八年十月，曾国华在三河战役中不幸身亡，曾国藩异常悲痛，他在写给九弟曾国荃的信中说，六弟的碑文不要让别人代写，九弟要亲自抄写，这样不但是对死去兄弟的最好纪念，也是锻炼写字的机会，“九弟也不要荒废了练字，六弟的哀辞、墓志和神道碑之类，我写好寄去后，九弟都要认真抄写一遍。《宾兴堂记》首段也没定稿，待我改完后，也须九弟抄写。九弟虽然处于戎马倥偬、事务繁忙中，练字工夫不能丢下，亲戚中虽然有几个人善于书法，但我们家中的碑板之类，不宜请外人来书写。”在哀思六弟的时候，不忘督促九弟学习，得具有多大的胸襟才能做到啊！

第四，“作文宜苦思，不善作则如人之哑不能言，马之肢不能行。”写文章的时候，要认真思考，思考清楚了再写。不善于写文章的人就像不会说话的人、不会行走的马一样。写作能力是一种表达能力，在今天越发显得重要，无论在机关还是企事业单位，如果不会写文章、写材料、不会表达自己的观点，那对于个人的发展将会有重要影响，甚至会成为职业发展的阻碍，就像口不能言的人、腿不能走的马一样，是竞争不过那些口腿正常的同类的。

曾国藩认为，“读书四法”和“为学四事”每一个都很重要，缺一不可，这是他从人生阅历中总结出来的，凝结了他的经验和教训，他希望家里的后辈子弟也从这个四个方面来努力，并要求家人经常以这四个方面勉励后辈子弟。

曾国藩还从另一个角度来总结读书的要点：

“盖世人读书，第一要有志，第二要有识，第三要有恒。有志则断不甘为下流；有识则知学问无尽，不敢以一得自足，如河伯之观海，如井蛙之窥天，皆无识者也；有恒则断无不成之事。此三者缺一不可。”

“志”是立志，只有立下远大的志向，才会有读书的动力，才不会甘心平平淡淡过一生；“识”是见识，通过读书增长见识后，就会了解到知识是无限的，在今后的学习中才不会因为一点收获就自满，才不会坐井观天；“恒”是“恒心”，只要有恒心，读书就一定会有收获。在这三点里面，他对立志特别重视，如果一个人立志求学、有内在学习动力的话，那么外在的学习环境是次要的，他在劝导子弟读书的时候，多从立志上来引导。

读书和外在环境没有必然关系。一个真正有志于读书的人，在任何环境下都能学有所成，如果能立志发奋自强，激发内在学习动力和兴趣，那么在私塾里可以学习，在旷野、闹市可以学习，哪怕在砍柴或放猪的时候也能看书学习；但如果没有内在学习动力，不努力自强，那么不仅在私塾、安静的地方读不好书，哪怕在神仙境地也不能学有所成。

三、困知勉行的笨功夫

曾国藩说："读书之志，须以困勉之功，志大人之学。"读书需要立志，但更需要勤勉的努力，要沉得下心来。困勉之功是不论遇到什么困难都要努力去做，不轻言放弃，并且踏踏实实，不投机取巧。

在中国古人的观念中，世界上存在四种人：第一种是圣人，先知先觉，不学而知，不学而能，天生就具备完美的知识和高超的行为能力，并知道如何去做。第二种是贤人，学而知之，学而行之，学习能力非常强，举一反三，通过学习很快就能掌握知识，做起事来也知道方向在哪里。第三种是普通人，困而学之，勉而行之，资质和学习能力一般，且时常是因为遇到了困难才去学习，做起事情来也要打起十分精神才能做成，有时候还勉勉强强，对这种人来说，所有的成功都来自艰辛的努力和勤勉的付出。第四种是下下之人，根本不会学习，也没有什么实践能力，根本不可救药。对于生长于这一世界的我们来说，绝大多数都属于第三种人，少数天才是第二种人，第一种人一千年都不一定能出一个，第四种人也比较少。

曾国藩从小就资质一般，甚至有点笨，相传有个小偷光顾他家，见曾国藩在背诵范仲淹的《岳阳楼记》，但背了半天一段话也没有记住，躲在梁上的小偷都记住了，遂忍不住出言提醒。这样的资质，读书难度可想而知，他5岁的时候上私塾，8岁开始跟着父亲读书，16岁开始考秀才，但先后考了7次，直到23岁才以倒数第二名的成绩考上。这个成绩和他父亲比起来好了很多，他父亲考了17次，直到40多岁才中秀才，在时间上也只比曾国藩早一年，当时家里常见的情景是父子两人一同去参加考试，又一同名落孙山。曾国藩无疑是第三种人，他自己对这一点也有清醒的认识，不过在今天看来，他却是通过不懈努力，以第三种人的资质做成了第一种人的成就，成为了圣人。

曾国藩读书是下了苦功夫的，这种功夫没有什么技巧可言，只是勤学勤练而已。他中进士之前因为资料比较少，我们很难弄清他的学习过程，但到北京当官后，每天都写日记，日记中详细记下他的读书经历，这其中充满了艰辛和汗水。古代士子考中进士后就可以当官，读书便不再像以前那么重要，只能算一个陶冶情操的事情，最多也是学习与工作有关的业务知识，但曾国藩不这么认为，他觉得以前都是为了考试而读书，现在才是真正的读自己喜欢的书，才是为了自己身心性命而读书。为了把学习搞好，他规定自己每天都要做几件事情：一是坚持早起，绝不睡懒觉。二是用功读书，一本书没有看完，不看其他的书，通过这种方法逼迫自己看书。今天我们去书店，买书的时候非常高兴，但买回家之后，很多书都是随便翻翻，能够认真全本看完的，恐怕不多，这其实影响我们对书本知识的充分吸收，我们可能只是了解了书中最显眼、最醒目、广告做得最好的那部分罢了。三是每天坚持读十页《二十三史》。四是每天坚持练字半小时。我们今天看他的字很有底蕴和气势，且自成一家，这和几十年的苦功夫离不开。五是每个月都要写几首诗。要做到这五个方面，需要有志、有恒，只有心中具有远大的理想和抱负才会有动力去做，只有意志坚定、对自己所做事情信念坚定的人才能坚持下来。

曾国藩的困勉功夫有一个“耐”字诀。第一要耐得住寂寞；第二要耐得住困难，遇到学习难题的时候要耐得住；第三是遇到不感兴趣的问题时也要耐得住。这对我们很有启发。有时候一本书，我们真正感兴趣的只是很少一部分，特别是专业书籍、理论书籍，只有钻研之后兴趣才会产生。现在很多人遇到稍微难点的书就不愿意看，遇到稍微厚点的书也不愿意看，这都是缺乏耐性的表现。现在的书有一个不好的趋势，本身质量不怎么样，但为了好卖，就故意突出一两个字、一两个主题，或在醒目位置写上些名人推荐，通过这种方式刺激读者的兴趣，但这样会误导读者。

曾国藩在教育子女时也着力突出困勉功夫。比如关于练字的功夫，他对大儿子曾纪泽说：“行隶篆，这几种书法你都爱好，这不是什么坏事，但要坚持练下去，不可一日间断，既要写得好，又要写得快。我写字慢，吃亏不少，你写字要敏捷，如果每天能写一万个楷体字，就差不多了。”后来，他针对大儿子的情况，又说，多种字体都爱好，将来可能一种都写不好，不如专门练其中两种字体。小儿子曾纪鸿在摹临柳体《琅邪碑》，有点急功近利，刚练了十多天，没有什么进步，就有点想放弃，曾国藩结合自己的情况劝导，“我学颜体柳体的时候，临摹了数百页纸，也是没有什么效果。四十岁以前在京城写的字，骨力间架都没有值得称道的，我时常感到羞愧，时常讨厌自己。四十八岁以后，练习李北海的《岳麓寺碑》，才略有效果，然而也经过八年的苦练，纸写了好几千捆。如今你练习不满一个月，就想有效果，有进步，是不是太心急了？我无论对什么事情，都用困知勉行的功夫，你以后也要这样。不单是练字，凡事都有非常困难的时候，坚持得住、最终打通难关的，才是好汉！”

读书需要有方法，又不能过于依赖方法。方法是对方向的指引，例如学习游泳，上网一查会找到很多方法，甚至不同的人都会有不同的游泳心得和经验，但过于依赖方法，以为掌握了方法就能学会游泳，那就不一定了，关键在于游泳需要学习者自己身体力行，努力去做，自己去摸索。“纸上得来终觉浅，觉知此事要躬行”，方法毕竟是别人的经验，只能用来做参考，只有自己摸索出来的经验才真正属于自己。现在有些年轻人读书做事过于讲究方法，缺乏苦功夫，总想走捷径，这样是难以把事情真正弄懂弄透并做好的。

四、学不可无良师益友

曾国藩一生遇到了许多良师益友，这对他的成长帮助很大。他早年在家随父亲读书，但因父亲的学识也有限，在参加多次秀才考试都落榜后，便打算外出求学，拜访名师。道光十一年，20 岁的曾国藩来到了衡阳涟滨书院。涟滨书院是千年学府，培养了很多人才。书院当时的山长刘元堂是一位饱学之士，他喜欢上了这个从农村走出的朴实青年，并亲自予以指导。在这里学习一年后，曾国藩于道光十三年，赴长沙参加考试，顺利考中了秀才。在涟滨书院的一年时间，不仅是曾国藩求学之路上的重要转折点，其思想认识也发生了很大转变。他认识到了自己身上有很多缺点，并立志加以改正，在老师的教导下，他取号涤生，“涤者，取涤其旧染之污也；生者，取明袁了凡之言‘从前种种，譬如昨日死；从后种种，譬如今日生也’”。从这开始，曾国藩的志向就和一般读书人不同。

考中秀才后，曾国藩没有自满，而是选择了在另一所知名学府岳麓书院求学。岳麓书院是中国四大书院之首，创立于北宋时期，南宋大儒朱熹制定了博学、审问、慎思、明辨、笃行的校训。曾国藩在此求学期间，以能写诗，在书院小有名气，在书院举行的测试中，也拿过第一，这引起了书院山长欧阳坦斋的关注，并亲自指导。曾国藩在岳麓书院学习一段时间后，参加湖南录取举人的乡试，获得第三十六名，并在四年后考中进士。

考中进士、在京为官后，曾国藩拜理学家唐鉴为师，平时往来的朋友很多，对他读书、修身、为官帮助很大，他在写给弟弟们的家信中说，自己的朋友可以分为五类，一类是讲躬行心得，修养功夫好，有唐鉴、倭仁、吴竹如、窦兰泉、冯树堂；二类是穷经知道，精通某一门经书，有吴子序、邵蕙西；三类是讲诗、文、字而艺通于道，善于写诗作文，有何子贞；四类是英气逼人志大神静，志向远大又笃静前行，有黄子寿；五类是才气奔放，有汤海秋。这些朋友都是那个时代的精英，大多数都在历史上留下了名声。朋友对他的学习帮助很大，比如，倭仁在写日记上做得比较好，帮助曾国藩批改日记，他的批改让曾国藩认识到如何通过写日记来督促自己改正不良毛病；再如，冯树堂是长沙人，在来京参加会试时，因没有地方住，暂居曾国藩家，每日和曾国藩讨论学问，并临时兼任曾纪泽的第一位启蒙老师，曾国藩对冯树堂的学问德行比较认可，他后来的修身十二课就是受冯树堂启发。

因为自身的经历，他格外注重给家中子弟们寻访良师，让他们结交益友。他择师的标准有：一是具有真才实学，二是没有官宦习气，他找的大多是致力于教书的大儒或山林饱学之士。三是注重学习环境和风气。

曾国藩的几个弟弟读书俱一般，且热衷功名，坐不住，在家学了几年效果不佳后，便想离开老家，外出求学。四弟曾国潢想在外面找一个家庭教师的工作，一边教书一边学习，但曾国藩认为，教书会浪费更多时间，学习效果还不如在家里好。他回信说："乡间无良师益友，实是人生第一恨事，不但没有益处，且大有损害，为兄已经在为你筹划这件事。老家周边只有汪觉庵和欧阳沧溟两位先生是良师，不过，两位老师所在的衡阳，只有冬季时学习抓得紧，五月份后都是在复习以前的知识，那里求学的人大都平庸无大志，又爱嘲笑别人，你如果去了那边，他们一定会嘲笑你是翰林之弟的。我曾经和九弟说过，不可以去衡阳求学，如果你打定主意去的话，就一定要听我的嘱咐，只吸取良师的好处，不受同学风俗的影响。收到这封信后，你带小弟曾国葆一起去吧，他也要出去见识一下。你们和汪觉庵老师学习后，一定要静下心来，认真学，如果效果还可以，明年再学一年，要是一年换一个地方，效果会更差。"

他安排六弟曾国华、九弟曾国荃去长沙学习，并找好了老师，在家信中说："长沙有我不少好友，丁叙忠也在那里，他学问扎实，为人忠厚，我虽然和他没有见过面，但早就知道这个人，身边的朋友也都夸赞他。你接到我的信后，马上就去长沙拜访丁叙忠，并以之为师。凡人读书必有师，若无师，则不知道严格要求自己。以丁叙忠为师后，在交友方面要慎之又慎，唐代大学者韩愈说过，善的人不认识我们，就要主动与他们交往，不善的人即使不与我们为恶，也要主动与他们疏离。朋友是否为益友，关乎我们一生的成败，不可不慎。"

六弟曾国华为人心气很高，到了长沙之后觉得有些师友不如他。针对这一点，曾国藩在家信中提点："身边的人，如果仪貌威严，知识广博，涵养深厚，可以把他当作老师，向他学习；如果是兴趣博雅，能写文章，可以和他交朋友，一起探讨学问，互相砥砺。或当作老师，或当作朋友，由你自己决定。不过，不论是老师还是朋友，都要敬重别人，不能觉得别人和自己差不多，或者不如自己，就怠慢起来，如果那样的话，对自己没有益处。”

在为儿子选择老师方面，他也费了很多心力。儿子虽然生活在自己的身边，但曾国藩太忙，并没有多少时间去教导他们学业，便请了家庭老师，老师都是为曾国藩敬重的、学有所成的朋友，五个女儿也一起在家读书，从小就知书达理。

曾纪泽5岁上的私塾，老师是曾国藩的同乡兼好友冯树堂，冯树堂学习成绩非常好，对曾国藩帮助比较大，冯树堂离开后，又先后请了李竹屋、宋湘宾，都是有学问的人，特别宋湘宾是举人出身，教书严格，曾国藩对他很满意，有时给人回复书信，都由他代写。

曾纪鸿上学后，给他请了吴元甲，吴元甲是清代桐城派散文家、京师大学堂总教习吴汝伦的父亲，也为曾国藩所敬重。在曾国藩的督促下，两个儿子都先后成才。

值得一提的是，吴汝伦中进士后，就在曾国藩的幕府中做事，备受曾国藩器重，很多奏折都是出自他的手笔。吴汝伦和张裕钊、黎庶昌、薛福成并称曾门四大弟子，曾国藩也是因为喜爱吴汝伦而敬重他的父亲，并请他父亲来教曾纪鸿和曾纪泽的。

五、因材施教和发掘兴趣

曾国藩非常注重因材施教，大儿子曾纪泽记性差，但悟性高，他在家信中告诉家人，要根据大儿子的这一特点来进行教导：“读书的时候，如果让大儿子句句都记熟，他也许能做到，但肯定会越读越蠢，将来在学业上不会有什么出息，劳烦把他没有读过的经书，每天选出五六百字教一遍，叫他读十遍就行，用不着能背诵，也不用经常温习。待他草草读完后，将来再看经书解释，也可以求得熟练。如果硬读硬记硬温习，绝对不可能久熟，只是白白浪费每天的时间罢了。”

曾纪泽参加了几次科举考试，都没有被录取，有点心灰意冷，不想再参加科举考试了。曾国藩便给他写了一封信，在信中没有责备的语言，反而非常同情说：“你的记性平常，没有考上也不奇怪，今后可以不参加科举考试，但不能放下读书，要多看没看过的书。你喜欢看史记、资治通鉴之类的书，更应该朝着这方面下苦工。”

小儿子曾纪鸿自幼聪明过人，悟性好，本可以朝着科举考试的目标奋斗下去，但鉴于科举考试的弊病，他要求小儿子读书不必以科举考试为目标，也不用花太多时间学写八股文，以免浪费时间。他鼓励小儿子多朝自己的兴趣发展，尤其是要多注意西方的科学技术。在他的鼓励下，曾纪鸿致力钻研算数之学，写出了《对数详解》《圆率考真图解》《炮攻要术》和《电学举隅》等书，成为清末中国卓有成就的数学家之一。

曾国藩在教导大儿子的过程中，发现他有两个优点：一是诗写得好，一是有学英语的天赋。针对第一个优点，他在平常的教导中着力讲解自己的学诗、写诗心得以及古人诗词的优点。今天我们看曾国藩写给大儿子的家书，能发现其中有很多都是关于写诗的，例如，有一次儿子问父亲，学写诗是不是可以多个流派一起学，是不是多种流派都兼备才好？曾国藩在回信中说，千万不能这样，韩愈一派的诗阳刚而无阴柔之美，欧阳修一派的诗阴柔而无阳刚之美，陶渊明的诗胸襟广大、气度非凡。你要学的话，可以重点学习陶渊明的诗，从而养成广大胸襟和从容心态。不能几家一起学，否则一家也学不好，“凡言兼众长者，皆其一无所长也”。

曾国藩是中国近代史上第一批接触西方的人，也是洋务运动的发起者和领导者，在和洋人的接触中，他深深感到以后的中国不能再像以前那样闭关锁国、妄自尊大了，以后的中国精英必须是懂西方文化、善于和洋人打交道的人，在这种认识下，曾纪泽科举考试失败后，他请了两个洋人来教英语。这一举动给大儿子的人生打开了一扇新的门，曾纪泽虽然记性不好，但用功，也有一定的语言天赋，学起英语来很快。曾国藩去世后，曾纪泽在家守孝的三年中，大部分时间都是抱着一本英语字典背单词。后来他被清廷委派，出使英、法等国，成为了中国最早的一批驻外大使，在离开英国的时候，他还用英文写了一篇文章《中国先睡后醒论》，发表在英文报纸上，语言水平让当时的英国人惊叹。

六、练字养神和读书养气

曾国藩教育家中子弟读书，鼓励他们通过读书来提升自己内在的精气神，在他看来读书本身就是一种陶冶身心的活动，他自己在长期的练字、读书过程中，精气神都得到了锻炼。

曾国藩在京城定居后不久，就把夫人、孩子接了过来，同来的还有九弟曾国荃。当初，曾国藩从老家启程赴京的时候，弟弟们就想同来，但因京城情况还不熟悉，遂等大哥在京城安定后再来，这次来的是九弟曾国荃，其他几个弟弟在往后的时间也来了。弟弟们来京，主要有两个目的：一是北京教育资源好，又在大哥身边，更有利于学习；二是北京乃天子脚下、繁华之地，想来北京见识一番，尤其是六弟曾国华、九弟曾国荃，都是自视甚高、思想跳脱之人，自从曾国藩来京后，老家的小乡村已经困不住他们，早就想出去见识一番。曾国荃来京后，曾国藩在教导他读书、作文的同时，重点指导练字，并陪着一起练。他在给父母的家信中说："九弟每天都要练字，有了不小的进步。我也在练，特别是为了准备明年的公务考试，重点练习小楷。""九弟前段时间生了一场病，我让他每天都通过练字来养神，身体恢复得很快，现在已经有精力写文章了。"在身体状况不好的时候，练习写毛笔字，首先能锻炼人的注意力集中度，其次写毛笔字就像描绘精美作品，看着自己写好的字，能够开阔心胸，愉悦身心，有助于身体恢复健康。现在很多老年人把练字当作养神、养生的一种方式，确实能延年益寿。

腹有诗书气自华。曾国藩认为，一个人的气质，源于天生，后天难以改变，唯有读书可以改变气质。欲求改变之法，首先要立志，必须立下坚定的志向。他在教育子女时以自己的亲身经历为例："我 30 岁之前喜欢抽烟，而且烟瘾很大，32 岁的时候立志戒烟，经过一段时间的努力，现在已经成功戒掉了。

46岁之前做事情没有恒心，五年来立志加以改变，现在无论大小事情都能坚持做下去。从这两个事情来看，没有什么事情是不能改变的。纪泽儿写字失之于轻，写出来的字给人骨力不坚、墨气不丰的感觉。要想下笔有厚重感，须立志加以改变。古人追求通过服用金丹、神丹来让自己脱胎换骨，我却认为读书就是金丹，立志就是神丹，只要立志读书，就一定能给人脱胎换骨之感。”

曾经有一位知名化妆师说，改变气质的方法有三种。第一种是化妆。现在很多人热衷美容、追求时尚的衣服，期望通过美容、服饰来改变自己的形象和气质，但这些改变都不是关键的，只能是细枝末节的变化。第二种是通过改变体质来改变气质，相对于化妆来说，这是深一层的改变。比如体质弱、精力不旺的人通过改变生活方式，肥胖的人通过加强锻炼控制体重，来改变气质。第三种是读书，这是最深一层的改变。三国时期的吕蒙是吴国大将，但没有读过什么书，常被人嘲笑为大老粗，他起先不以为意，因为当时的武将大致都是这种情况。吴国的国主孙权非常欣赏他，鉴于他读书少，便劝他多读书，并以自己的经历为例说，读书不一定都是要成为硕学大儒，而是为了提升自己，他从读书中获益很多。在孙权的劝说下，吕蒙开始认真读书，三年后，吴国大臣鲁肃见到吕蒙，发现他说话很客气，为人也彬彬有礼，和原来粗鲁的将军形象大不一样，已非昔日吴下阿蒙，大为惊叹说“士别三日，刮目相待”。

不过，读书能否真正提升一个人的气质，关键取决于读书的目的和方法，如果把读书当作获取名利的手段，认为“书中自有千钟粟，书中自有黄金屋，书中自有颜如玉”，功利心十足，是不可能改变气质的。但如果阅读经典，致力于通过书籍与作者进行心灵的沟通，时时享受着书籍中的人文精神，一个人的气质是可以改变的。

七、不当官与专精一业

曾国藩虽然官至极品，但在长期的官宦生涯中，他饱受朝廷猜忌、同僚诋毁，尽管时时小心谨慎，也难免不获咎于人，充分体会到了官场的丑恶面，常人只看到他当官风光的一面，哪懂得其背后的辛酸。他多次表示想极早抽身、不愿意继续为官。例如，他在家信中说：

“吾年来饱阅世态，实畏宦途风波之险，常思及早抽身，以免咎戾。家中一切，有关系衙门者，以不与闻为妙。”

“吾实不愿久居官场，自取烦扰。”

正是有这种体会，他在写给两个儿子的信中说：“你们长大之后，不可从军，也不必做官。”曾国藩从多年的从政、从军生涯中感到，无论是带兵打仗，还是当官，都是耗心耗力之事，充满了钩心斗角，甚至九死一生，曾家五兄弟有两个死于战场或军营。况且，久处官场，人的心灵会扭曲，易于变得或阴险，或圆滑，或贪婪，有鉴于自己的亲身经历，他不愿意子孙从军从政。

在他看来，读书的目的不是当官，只有两个：一是进德，通过读书来提高自身的修养；二是修业，通过读书来谋一份职业，以求养活自身。而要做到养活自己，就要专精一业，成为领域的专才、专家。

“吾辈读书，只有两事，一者进德之事，讲求乎诚正修齐之道，以图无忝所生；一者修业之事，操习乎记诵词章之术，以图自卫其身。”

他告诫家中子弟说：“天下职业分为士农工商，农工商通过体力劳动来养活自己，是劳力者，士是劳心者，通过脑力劳动来养活自己。我们或在朝廷里面当官，通过获取俸禄来养活自己，或在家乡当老师，或做别人的幕僚，又或为农民，不管做什么都要认真对待自己的职业，并把自己的职业搞精。从事什么职业，不由我们自己决定，很大一部分要看靠老天爷安排，但能不能把自己的职业搞精，却由我们自己决定。而要把职业搞精，必须专精一艺，谚曰‘艺多不养身，谓不专也’。”

我们从事什么职业，要看机缘和运气，但无论在哪一个领域，无论干什么工作，能不能做到精通、能不能成为专家，却取决于我们自己的努力。正是怀着这种精神，曾国藩说读书好比挖井，找定一个方向后，就要深挖下去，不能朝三暮四，总有一天能挖到井水的。“用功譬若掘井，与其多掘数井而皆不及泉，哪比得上老守一井并力求及泉而用之不竭呢？”

在他的教育下，曾国藩的后人，虽然由于机缘不同，分散在各行各业，但无论在哪个行业，都做得很好，涌现出了很多专家、教授、院士。有人做过统计，废除科举考试之后，曾家后辈子弟中有近200人接受了现代高等教育，不少人还留学欧美或日本，其中取得博士、硕士、学士和获得院士、教授、研究员、高级工程师等职称的多达百人，这其中比较有名的是：英国伦敦大学理科学士、中国第一位在西方获得学位的女性曾宝荪，伦敦大学矿冶博士、台湾东海大学首任校长曾约农，中国科学院院士、北京大学教务长兼化学系主任曾昭抡，著名画家、联合国文教委员曾厚熙，医学博士、骨科专家曾宝菡等。

第二章
家风二：勤

曾国藩一家人都非常勤奋，自他爷爷开始就把早起作为家训。曾国藩更是身体力行，不但起得早，而且睡得晚，往往是忙完一天的公务后，当别人都开始休息了，他还要完成当天的功课，“勤劳而后憩息”是他追求的人生之乐。曾国藩勤而有方，不一味埋头苦干，善于总结方法。他还把勤作为防止子女养成官宦人家陋习的重要方式，规定家人一律都要参加家务劳动，并明确提出“后辈子弟，总以习劳苦为第一要义”。

创业难，守业更难！创业靠勤，守业更靠勤！

宝龙地产总裁许华芳深明这一道理，他的父亲是全国政协委员、实业家许健康，父亲白手兴家创办了宝龙集团，作为儿子，许华芳从小就被作为接班人来培养，而他也不负父亲期望，成功地将宝龙集团发展壮大。当记者采访他，问起成功守业的原因时，他说得最多的是“变”与“勤”：“社会在变，你不变就是你的错，所以要不断努力，提升自己。”他深明宝龙地产是父亲许健康的心血，要守父业便要比父亲更努力，同时坚守坚忍不拔、勇往直前的奋斗精神。

相对于许华芳的成功守业，现实中有很多创业者通过自身努力，千辛万苦创业成功后，便开始热衷各种享乐消费，从而走向了堕落的深渊，又有很多创业者尽管自身一直兢兢业业，但到了他们的子孙后代，却又将财产挥霍一空。这种富不过三代甚至富不过二代、一代的现象全世界都存在，自古至今都存在。

为什么会出现这种现象？原因可以有很多，但其中的关键就在于“勤”字。当创业者创业成功后，因为已经具备丰厚物质条件，便没有了创业时的拼搏劲头，也不再像以前那样勤奋工作。对继承者来说，除了缺乏经营管理、对市场的把握能力等专业素养外，思想道德和工作生活作风较差是最主要的原因。有人曾列举了第一代和第二、三代富人的 9 大差别，其中之一是第一代艰苦奋斗，第二、三代喜欢穷奢极欲、挥霍无度。研究表明，只有约 10% 的富人子女继承了父母的优良品质，成为积极向上、勤奋好学的人。

80 年代，有一句话特别流行，叫作“学好数理化走遍天下都不怕”，现在流行的是“学好数理化不如有个好爸爸”。现实来看，在这样的一个年代，有个好爸爸很有用，在生活、上学、工作等方面都能让自己走在别人的前面，但有个好爸爸的“副作用”也很明显，如果没有正确的教育方式，子女很容易失去艰苦奋斗的精神和适应社会的能力，很容易变成只会花钱的无用之人。父母在快速累积财富的同时，要以正确的价值观和人生观来影响教育后代，让他们以积极健康的心态来对待生活、工作和人生。

一、人生哪有空闲的光阴

曾国藩是一个非常勤奋的人，作为第一代创业者，他在创业成功后仍然保持勤奋的作风，在教育子女上，也以“勤”字为着力点，哪怕子女出门乘轿子，他也要给予批评，认为路不远的话，就不要乘轿，走路不但有益于健康，且能防止后辈形成骄惰习气。

曾国藩一生都勤于读书。刚到京师为官不久，为了利用好时间，他制定了功课表，要求自己每天天不亮就起床，晚上要看完书才能上床睡觉，白天的时间也安排满满。统率湘军后，因为白天公务特别繁忙，就养成了晚上读书思考的习惯，每当夜深人静的时候，处理了一天的公事，别人都回家休息了，他拿起书来，开始完成当天的功课。咸丰九年九月二十一日晚，读书完后，准备上床休息，就在这时，他悟出了君子有三乐：

读书声出金石，飘飘意远，一乐也；

宏奖人才，诱人日进，二乐也；

勤劳而后憩息，三乐也。

大声读书，声音如敲击金石，铿锵有力，这是第一大乐趣，古人讲金声玉振，金玉发出的声音非常好听，是吉祥之声；为国家培养举荐人才，看着他们一个个在岗位上做出成绩，把身边的人教育好、引导好，看着他们一点一滴地不断进步，这是第二大乐趣；忙碌了一天，把当天的功课都做妥当了，没有拖延，当夜深人静后，准备休息时，就会有一种成就感和满足感，这是第三大乐事。曾国藩一生中，每天看书都到很晚，一点也没有熬夜的疲惫感，反而好此不疲、乐在此中，并从中体会到了人生的乐趣。

同年十月十四日，好友李申甫自黄州来拜访他，李申甫以前对曾国藩说过，无论遇到什么情况、遭受多大委屈，都要“打脱牙和血吞”，可谓相交甚深。这次老友久别相逢，他们聊了很多，论及天下局势时，曾国藩充满了忧虑，当时太平军气势越来越盛，朝廷军队屡吃败仗，而他统率的湘军又不得朝廷信任，本人也多次受到皇帝猜忌。在这样的情况下，他对李申甫说，无论局势如何恶化，他都当“竖起骨头，竭力撑持”。那天晚上，他久久难眠，到三更时分，悟出了一副对联，用以警励自己，不管外在环境多么不利，都要咬牙坚持，同时要保持内在的心理平衡。

养活一团春意思，撑起两根穷骨头。

前些年，他还在自家藏书楼思云馆中题写过一副对联：

不怨不尤，但反身争个一壁静；

勿忘勿助，看平地长得万丈高。

这个时候想起来非常贴切，不管朝廷怎么对他，他都会不怨天尤人，而要以勿忘勿助的态度，坚持下去，把湘军带好，以尽到一个儒家士大夫的家国天下责任。“勿忘勿助”是儒家亚圣孟子的话，原意是养浩然之气时，不要无所作为，也不要拔苗助长，要有正确的方式方法。这里，曾国藩用于勉励自己，要采取恰当的方式应付复杂的军事和政治局面。

三日后，即十月十七日晚，他对这几天的情况进行了反思，又悟出了一副对联用以自励。

天下无易境，天下无难境；

终身有乐处，终身有忧处。

易境是容易、轻松的局面、处境，难境是困难的局面、处境。在太平军的攻击下，天下局势岌岌可危，湘军独木难支，曾国藩感到非常忧虑，但在这种情况下，他也不忘劝慰自己，要苦中作乐、忧中寻乐，这是一种积极的人生态度，也是一种举重若轻、开阔的胸襟，作为军队的统帅，如果面临困难处境，就整天愁眉苦脸，不但与己无益，对湘军的士气来说，也是不利的。

写完后还是睡不着，脑子里面还在想着这副对联，五更时，他有了更好的思路，便起床来，把这副对联拆成了两副，一副是：

取人为善，与人为善；

乐以终身，忧以终身。

看待一个人，要看他的优点，与人交往时，要多称赞、帮助别人；人的一生有快乐也有忧虑，在情绪上要保持平衡，不可过度兴奋，也不能过度忧虑，要乐以忘忧，而且对君子来说，要怀着大忧大乐，先天下之忧而忧，后天下之乐而乐。作为一个儒家士大夫，他的乐和忧是君子式的，他怀着对天下的忧虑，也从读书、奖掖人才和勤劳中体会了君子有三乐。

另一副是：

天下断无易处之境遇，

人生哪有空闲的光阴？

天下没有容易应对的处境，不管在什么情况下，都要抓住时间充实、提高自己，只有这样，一旦遇到难以应对的处境时，才能有效化解。古人讲，“一寸光阴一寸金、寸金难买寸光阴”，只要有空余时间，曾国藩都会用来读书写字，也正是有了这样勤勉的态度，才能戎马倥偬之余，修身养性、著书立说，成为古代立德、立功、立言三不朽的圣人。爱因斯坦说，成功等于一分天才加九十九分汗水，这也是曾国藩成功的奥秘。

刚才提到的几副对联，在今天都是有名的对联，多为后人抄写、传习。特别是最后的那副对联，“天下断无易处之境遇，人生哪有空闲的光阴？”道尽了人生世事的真谛，虽然其中没有“勤”字，但却是“勤”字的最好注解。

有位哲人说：“人生有一道难题，那就是如何使一寸光阴等于一寸生命。”面对人生的这道难题，古今中外的名人给出了类似答案，那就是紧紧抓住每一分每一秒，把每一分每一秒都用在事业上，莎士比亚说，“抛弃时间的人，时间也会抛弃他”，那些不重视时间的人，也不会被时间重视，最终将在时间的长河中被遗忘。

万达集团董事长王健林是中国首富，有人问他怎样才能创业成功？他说：“勤奋最重要，这点我深有体会。由于我是个转业兵，在创业初期，对房地产行业一点儿也不了解，很多同行笑话我，他们评价，我早晚会从哪儿来回哪儿去。所以我下决心，先学习，在接下来的 4 到 5 年的时间里，我放弃了所有的休息时间，白天正常上班，晚上所有的时间都拿来学习。我相信勤能补拙，奋斗可以帮助我们发现机遇和把握机遇。”正是有这样的精神，王健林才成为中国青年的创业榜样。

李嘉诚奉行“勤能补拙的人生准则”。他认为，经商离不开“勤奋”两字，自己吃够苦，才能换来大成果，在经商的各个阶段，如果稍有怠慢，不够勤奋，最后吃苦头的还是自己。李嘉诚80多岁高龄，一直保持着三个习惯：一是在清晨5点59分起床，然后听新闻、打一个半小时高尔夫，再去办公室；二是晚饭之后，看二十分钟的英文电视，并跟着大声说，既能了解时事形势，又可以练习英文；三是睡觉之前，看一个小时书，包括各种书籍，跟公司业务有关的书一定会认真看完，其他的书则会抓重点看。这种勤奋和自律，非一般人能比。

二、勤能兴家聚业

自古以来，一个人勤可以润身，一个家勤可以兴旺，一个公司勤可以通达。

“凡一家之中，勤字能守得几分，未有不兴，若全无一分，无有不败。”

曾国藩认为，一个家庭中，如果人人勤奋努力，并形成了勤勉的家风，这个家庭不可能不越来越兴旺。曾国藩家族世代务农，从湖南一个普通的农民家庭，发展成为当时的中国第一家族，其发家史的秘诀，就靠一个勤字。

曾国藩祖上是从江西迁移到湖南的，家境一直平常，太高祖曾元吉通过勤劳致富，积聚了数千金家产，在衡阳、湘乡等地置有土地、房产，但同一般家庭一样，曾元吉老了后将田宅家产平均分给了六个儿子，仅留四十亩田养老，他的儿子、孙子都没有什么突出的地方。到了曾国藩祖父时，通过勤劳耕作，家境才渐渐好起来。曾国藩晚年的时候，将祖父母的坟迁到大界安葬，并写了一篇《大界墓表》，表达对祖父母的哀思，其中对祖父的勤劳兴家事迹进行了详细描述。

“祖父逝世于道光二十九年十月四日，倏忽间已过去了二十三年。祖父曾对我说，他年少之时，沉于游乐，直到被族中长辈批评为败家子，才猛然惊醒悔悟，从此之后勤于劳动，终身都是早上天未亮就起床，三十五岁之后开始专研农事，努力耕作。我家原来住在高嵋山下，田在山上，又小又不便于灌溉，祖父凿石挖土在田间开了十几条小路，并将它们联通为一，使农夫易于耕作。早晚浇地，通过听虫鸣声来判断节气的变化，每当看到禾苗上面的露水就会很快乐。种了半亩蔬菜，早上锄草，傍晚施肥，家里面建了猪圈养猪，家外面挖了鱼塘养鱼。自己种的蔬菜吃起来非常香甜，历经劳作收获的食物吃起来格外安心。因为家里穷，没有祭祀祖先的祠堂，家境好了后，祖父就和族中老人商议，建立了祠堂，并规定每年的三月祭拜祖先。”

曾国藩祖母王太夫人，是一位非常勤劳的女性。家里的酿造、浆洗、缝纫、做饭等事情都做得很妥帖，且有一定的法度，侍奉丈夫、儿子都非常贴心，年过七十，仍然亲自检点家政缺失，一根线、一粒米也不许浪费。

曾国藩祖父很小的时候就辍学，长大以后非常后悔，家境好起来后，便把读书的希望放在儿子身上。祖父有两个儿子，老大曾麟书（即曾国藩的父亲），老二曾骥云，从给儿子取名字也能看出他的期待。不过，这两个儿子都不争气，曾麟书40多岁才考上秀才，曾骥云更不争气，不但读书不行，也终生没有儿子，只得从曾麟书家过继一个儿子来继承香火，这个儿子是曾国藩的六弟曾国华，后在对太平军的战斗中战死，没有来得及给曾骥云养老送终，所以相对哥哥来说，曾骥云的人生更加没有色彩。

曾麟书虽然限于资质，读书成绩一般，但非常用功，非常有恒心，非常执着，当父亲把读书的希望转移到曾国藩这一代人身上的时候，他依然没有放弃，终于在第十七次考上了秀才，成为曾家数百年来的第一位秀才。在教育子女上，也是非常用心，并把自己的那股执着劲传给了儿子。曾国藩回忆说，他从八岁起就跟着父亲在家塾读书，父亲对他早晚讲授，耳提面命，有不明白之处就再教一遍，甚至两三遍，并随时考问，即使是走在路上，或已经上床睡觉，父亲也要考问课业，对回答不清的地方，必到彻底弄懂才肯罢休。对曾国藩的弟弟也是如此教育。他经常说，自己资质不高，对子女教导只有最笨又是最扎实的功夫，不会过于追求技巧。

曾国藩的父亲是典型的书呆子，大多数时间都在读书，家务的担子主要压在母亲江太夫人身上。江太夫人嫁到曾家后，服侍公婆四十多年，洗衣做饭，事必躬亲，对待长辈，恭顺孝敬，对亲朋往来及祭祀礼仪，定百般检点斟酌，务使最合情合理。她生育了五个儿子、四个女儿，子女身上的尺布寸缕都是亲手纺织缝制而成。曾国藩回忆说："有人以吾家人口众多经济拮据为虑，母亲说，我让一个儿子去读书，一个儿子去当农民种庄稼，一个儿子去从事工商业，我劳作于内，儿子劳动于外，还用担心以后家里会受穷吗？只要子孙勤奋，家里就不会受穷的。""母亲还喜欢经常说些自强的话，或诙谐的笑话，以缓解劳作的过度辛苦。"曾国藩的父亲因为常年读书，书生气比较浓，性格比较温和，有时还显得懦弱，而母亲则因为要操持一大家子的家务，所以性格比较倔强，从不轻易服输，这对曾国藩有很大影响，他后来的性格更像母亲。

在祖父母、父母两代人的努力下，曾家越来越兴旺，特别是到了曾国藩这一代，成为了中国近现代时期的名门望族。曾国藩深受长辈影响，深知勤勉的重要性，不但自己忠实践行，而且要求家人也要继承勤劳治家、勤奋兴家的家风。

勤兴家，惰败家。曾国藩对这一点看得非常透彻，多少家庭都是因为子孙好逸恶劳而败落的！因此，在曾家兴旺起来后，他特别担心子弟养成官宦习气、富家子弟习气，在对家人的教导中特别注重这一点。在写给曾国荃的信中说：

"天下古今之庸人，皆以一惰字致败。天下古今之才人，皆以一傲字致败。"

在写给曾国潢的信中说："你们都不喜欢打扫屋子，这是败家的气象，以后务必细心收拾屋子，哪怕是一纸一缕，竹头木屑，也要打扫干净，为子孙做个好榜样。一代疏懒，二代婬佚，如果我们这代人就好逸恶劳，后辈子弟中必定会出现不孝子。"

有段时期，儿子曾纪泽因学习成绩不理想，加上长在官宦家庭，有好逸恶劳的苗头，他在教导时说："你今年已经十八岁了，快要长大成人，但学业还没有成果，近来写字作画也没有什么进步，这让我很担忧。姻伯陈岱云的儿子陈吉生，今年入学测试，学校老师都认为他的诗写得很好，他是戊戌二年生的，比你只小一岁，但他父母都过世了，家境清贫，却肯刻苦读书，终于少年成名。你托祖父余荫，衣食丰足，却时常懒惰，好逸恶劳，不以读书立身为志向。勤劳则善心生，好逸则恶心生，孟子说，生于忧患，死于安乐，我对你满足于目前安逸生活的状况非常担忧。”“我在军中，公务繁忙，也不忘记学习，每天坚持读书写字，从未间断，即使年老眼睛昏花也不放弃，你还没有弱冠，正是一刻千金的时候，切不可浪掷光阴。”

三、克勤小物与细节决定成败

“图难于其易，为大于其细。天下难事必作于易，天下大事必作于细。”

这句话出自老子《道德经·第六十三章》。解决难事要从还容易解决时去谋划，不要等事情发展到严重时才去关注，天下的难事都是从容易的时候发展起来的；做大事要从细小处做起，天下的大事都是由小事组成，都是从细小的地方形成的。

老子对韩非子影响很大，韩非子曾专门撰文来解析老子的思想，特别是对于这句话，韩非子做了长段的解释，他在《韩非子·喻老》中写道：

有形之类，大必起于小；行久之物，族必起于少。故曰：“天下之难事必作于易，天下之大事必作于细。”是以欲制物者于其细也。故曰：“图难于其易也，为大于其细也。”千丈之堤，以蝼蚁之穴溃；百尺之室，以突隙之烟焚。故曰：白圭之行堤也塞其穴，丈人之慎火也涂其隙，是以白圭无水难，丈人无火患。此皆慎易以避难，敬细以远大者也。

韩非子受老子的启发，进一步对难与易、大与细做了分析，非常经典，并提出了“慎易以避难，敬细以远大”的观点。

曾国藩对细节非常注重，他在长期的工作中总结出了“克勤小物”的精辟观点。

克勤小物，指认真、勤勉地做好每一件小事。大事都是由一件件小事构成的，每一件小事都做好了，大事自然也就做成了。

咸丰八年，曾国藩给曾国荃写信说：

“治军总须脚踏实地，克勤小物，乃可日起而有功。”

治理军队、带兵打仗要脚踏实地，认真做好每一件小事，时间一长就会有很大收获。在待人接物的时候，要注意自己的态度和表情，如果没有真诚则不能打动人，但光有真诚，直来直去，缺乏语言修饰和沟通技巧，也很难让人相信自己的诚意，古时候的礼仪说“无文不行”，没有文饰是不行的，有一定程度的合理性。曾国藩刚带兵的时候，信奉法家思想，把规矩和刑法放在首位，办事只讲规矩不注意方法，即使他的出发点是为了维护朝廷的利益，但却得罪了很多人，以至于处处被限制、排挤，他对九弟说，近些年来已经大悟前非，“劝弟在外办事，要随时随机应变”。

《挺经》是曾国藩的晚年著作，李鸿章给予了高度评价，认为这部书是“精通造化、守身用世”的秘诀。《挺经》里面有一段文字《克勤小物》，其中写道：

古之成大业者，多自克勤小物而来。百尺之楼，基于平地；千丈之帛，一尺一寸之所积也；万石之钟，一铢一两之所累也。

千里之堤，溃于蚁穴。古来成大事的人，多从小事开始做起。百尺高楼，起于平地；千丈高台，起于垒土；江河湖海，莫不由涓滴细流积累而成。周文王从早晨到晚上，忙得连饭都没有时间吃，周公旦夜以继日地在思考，生怕漏过一个细节，一旦想到了就立刻去做，仲山甫知道后非常震惊，周文王、周公旦那么具有智慧的人，也如此谨慎、勤勉，这样一来，天下还有谁敢怠慢、荒惰呢？

对小事认真，也能反映一个人的人生态度和修养。2015 年，李玉刚在最新歌曲《李》中，不小心将“追根溯源”中的“溯”（sù）唱成（suò），由此引发网友讨论和批评，对此，李玉刚抽出一天时间重新录制了发音错误的部分，并回应说：“感谢网友和歌迷朋友对我的指正，并诚意道歉。我觉得这一个字音的问题看似是小事，但如果不及时纠正，就会影响很多年轻人的正确读音。我现在正和工作人员重新录制这首歌，大家近期就可以听到修改后的版本。”不少网友对李玉刚的道歉之举“受宠若惊”，纷纷表示“敢于承认出错也是一种自信和胸怀”。

四、勤字功夫贵早起

勤字功夫，第一贵早起，第二贵有恒。

早起在曾国藩勤字功夫中排第一。

一日之计在于晨。中国古人多把要求子弟早起当作家训。例如，《朱子家训》中要求家族子弟：“黎明即起，洒扫庭除，要内外整洁；既昏便息，关锁门户，必亲自检点。”早上久久不起，白天还在睡懒觉，这是怠惰的重要苗头，古人很难容忍。

“欲去惰字，总以不晏起为第一义。”

不晏起即早起。

孔子温文尔雅，和弟子相处亦师亦友，弟子有不对的地方，都悉心教导、诲人不倦，很少大声批评，但对于弟子白天睡觉的现象不能容忍，一经发现，就进行了严厉批评。《论语·公冶长第五》记载：

宰予昼寝，子曰：“朽木不可雕也，粪土之墙不可圬也！于予与何诛？”

子曰：“始吾于人也，听其言而信其行；今吾于人也，听其言而观其行。于予与改是。”

宰予，亦称宰我，好学深思，善于提问。据《史记·仲尼弟子列传》记载，有一次，孔子说，“志士仁人，无求生以害仁，有杀身以成仁”，仁人志士面对正义的事时，不会计较个人生命，会舍生取义、杀身成仁。宰予听后就问：“如果真是这样的话，假使有两个人都是仁者，当其中一个对另一个说水井里面有重要的东西，关乎正义，那么第二个仁者会不会跳下去呢？”孔子回答说：“你这个问题不好，仁者可以失去生命，但不会设陷阱；仁者可以有不懂的地方，但不会说谎。”孔子对宰予非常欣赏，认为他在“言语”

方面很突出，把他列为孔门十大弟子之一。但就是这样一个得意弟子，当发现他白天睡懒觉后，也非常痛心，并给予了严厉批评，认为自己看错了宰予，以前只是听其言信其行，今后要改过来，听其言观其行。

曾国藩祖父订立的家规“八字诀”中，就有一个“早”字，要求家人清晨早起，他自己三十五岁以后，坚持天未亮就起床，几十年如一日。曾国藩牢记祖父的家训，在他制定的“八本说”中，有一条“居家以不晏起为本”。曾国藩一生勤奋，从他的日记来看，每天早上天不亮就起床练字、读书，白天忙于政务、军务，晚上还要给家人写家书、记日记，他规定自己每天必须读十页书，以至于常常很晚的时候，还在挑灯夜读。

道光二十年，曾国藩考中进士后，再次通过朝廷的职位选拔，被破格选为翰林院翰林。在古代，考中进士后就能当官，但被分派到哪里，却有很大不同，甚至能决定今后一生的官场命运。就像今天一样，分到县里当公务员，和分到中央重要部门当公务员是差别很大的，在县里的日后能当县长、县委书记就已经是凤毛麟角，但这也不过就是一个正处级干部。按照当时的成例，一甲进翰林院，在天子身边工作，二甲能进六部，三甲大多都是在地方任职，排名靠后的甚至在县里任职。曾国藩当时考上三甲第42名，按他的名次，去地方的可能性很大，但这次考试后，被留在了翰林院，一个月后任翰林院庶吉士，这个官意义很大，明清时，宰相基本都是从庶吉士中产生。

曾国藩到翰林院不久，因刚来京城，应酬、杂事比较多，有一天他在日记中写道：“翰林院的工作正式定下来后，本来要日日用功读书，虽知却日日游玩，不知不觉已经过了四十天，功课耽误很多，痛定思痛，从今往后每天都要早起，练习一百个字。”也就是从那天开始，早起成了曾国藩对自己的约束性要求，每当早上起来晚了，他都会在当天的日记里面批评自己，进行反省。

曾国藩在治军中，为了让军官和士兵们都勤奋起来，也把早起作为重要的方法。

“天未明就得吃罢早饭，有仗打仗，无仗操练。”

“治军以勤字为先，实阅历而知其不可易，未有平日不早起，而临敌忽能早起者。”

李鸿章是曾国藩的得意弟子，也是他的衣钵传人，不过曾李两人却有很大不同。曾国藩和李鸿章都喜欢熬夜，曾国藩熬夜后第二天照样早起不误，而李鸿章熬夜后却喜欢第二天早上睡懒觉。曾国藩一般早上都要和同僚一起用早餐，李鸿章刚进湘军大营时，照例睡懒觉，即使有人敲门叫早，也不愿起床，连续三天都是如此，曾国藩看在眼里，也没有做什么表示，这让李鸿章以为曾国藩容许他这样做。虽知第四天天未亮，敲门声又响了，李鸿章被吵得实在很烦，就编了一个理由：“病了，不吃早饭！”过会儿又有人来敲门，并说曾大人在等他吃早餐，有病也得去。李鸿章一听曾国藩生气了，就有点慌，赶紧起床，急忙到了饭厅。曾国藩看了他一眼，也不说话，端起碗吃饭，面色峻厉，一言不发，大家跟着一起吃。吃完后，曾国藩放下碗筷，对李鸿章说，既到我这里来，就要遵守军营规矩，最后说：“此间所尚的，惟一诚字而已！”说完，看也不看李鸿章一眼，拂袖而去。李鸿章是有远大抱负的人，这让他很羞愧，这件事对他影响很大，从此以后再也不睡懒觉。

李鸿章是曾国藩的弟子和衣钵传人，曾国藩去世后，李鸿章取代了他的位置，成为最受朝廷器重的汉臣。李鸿章对老师也非常感激和敬重，他在挽联中说：

师事近三十年，薪尽火传，筑室忝为门生长；

威名震九万里，内安外攘，旷世难逢天下才。

李鸿章晚年对人谈起曾国藩时说：“别人认为老师虽然提携了我，但论起洋务来我比老师高明，其实我和洋人打交道的秘诀也是老师教的。”李鸿章曾向曾国藩讨教和洋人打交道的经验，曾国藩教之以一个“诚”字，即和洋人打交道要真诚，不要像中国人之间的交往一样充满虚伪。李鸿章说，这个“诚”字让他受益匪浅。

曾国藩去世后，门生故旧纷纷送上挽联，其中两副挽联最为有名，一副就是李鸿章写的，另一副是左宗棠写的。

左宗棠才情很高，时常以诸葛亮自比，但中年之前都怀才不遇，同乡曾国藩科举早达，官运顺畅，37 岁就当上了礼部侍郎，他很不服气。咸丰四年，曾国藩打算向朝廷保举左宗棠任知府，可是左宗棠嫌知府的官太小，不乐意。按照清廷官制，不同级别的官员，官帽上的顶戴颜色不一样，一品为亮红顶，二品为涅红顶，三品为亮蓝顶，四品为涅蓝顶，五品为亮白顶，六品为涅白顶，七品为素金顶，所谓“涅”就是颜色不纯。知府是四品官，官帽上是涅蓝顶，他给朋友写信说：“若真以蓝顶加于纶巾之上者，吾当披发入山，誓不复出矣。”咸丰十年，在形势逼迫之下，左宗棠到曾国藩帐下效力，曾国藩疑人不用，用人不疑，放手让他独当一面，左宗棠遂得以迅速崛起。攻打浙江时，曾国藩把一部分湘军划归左宗棠全权指挥，左宗棠很快领军攻克了杭州，曾国藩就向朝廷举荐他任浙江巡抚。不过即使这样，左宗棠也经常骂曾国藩是伪君子，而曾国藩涵养好，不予计较。

关于左宗棠和曾国藩，还有一件事提起来比较有意思。左宗棠虽然是举人，却经常拿曾国藩的同进士出身来打趣。古代科举制度，分为三大主要层次：秀才、举人、进士，分别由县、省和国家三级政府举办。进士通常每三年考一次，每次取前 200 或 300 名，又分为三个档次：一甲取前 3 名，为“进士及第”，二甲取第 4 至 30 名，为“进士出身”，剩下的是三甲，为“同进士出身”。在古代读书人的眼中，一甲是状元、榜眼和探花，最为风光，二甲也可以，三甲最为低下，甚至为一甲、二甲的人瞧不起。用今天的话来说，如果一甲是优秀生、二甲是正常学历毕业，那么三甲就是同等学历了。而曾国藩列三甲第 42 名，这个名次当时还不觉得怎么样，但随着曾国藩地位、声望的日渐增长，特别是在读书人中学术地位的增长，学历的问题越来越成为他的缺憾，甚至会被别人耻笑。

左宗棠就特爱拿这点开玩笑，有一次，曾国藩到左宗棠家里商量事情，看到左宗棠的小妾正给他洗脚，于是就打趣一下，说了句“如夫人洗脚”，如夫人在古代是小妾的称呼，左宗棠听后，马上回了句“同进士出身”，曾国藩听后，脸很快就绿了。

曾国藩非常重视学历。有一天饭后，与弟子幕僚们闲谈，玩对对子，曾国藩先出个上联“如夫人”。上文说了“如夫人”就是小妾，“如”者，实“不如”也，此联其实包括七个字“如夫人不如夫人”。弟子幕僚听后，都陷入深思之中，怎么才能对出好对子，在老师面前露个脸呢？曾国藩对人才提拔力度很大，只要被他发现有才华，都会被推荐做官，有的甚至做到了封疆大吏，正在大家都苦思冥想之际，有一个人心直口快，对了句“同进士”，对得很工整，但曾国藩听后，面色大变，聚会不欢而散。古代不像今天一样，对学历不满可以再考一次，曾国藩连弥补的机会都没有，可以说，“同进士不如进士”是他一生的遗憾。不过，相对于今天的官员来说，曾国藩对自己学历的自知自明性高多了，今天的官员大都是在职硕士、在职博士，学历水分很大，但没有一个以之为耻，反而引以为荣，在个人介绍里面大写特写，组织人事部门也只看重形式，而不论是真博士还是注水博士，这是一个民族在教育上的退步。

曾国藩去世后，左宗棠来家吊唁，曾家人鉴于左宗棠一贯的态度，生怕他说出有辱曾国藩的话来，不过左宗棠一改常态，敬献了一副名传后世的挽联：

知人之明，谋国之忠，自愧不如元辅；

同心若金，攻错若石，相期无负平生。

曾国藩是大学士、太子太保，可称为宰相，元辅即首辅、宰相。在这副对联中，一句“自愧不如”，一句“相期无负”，道出了左宗棠的真诚和真心。从此之后，谈起曾左，两人之间的过去种种矛盾都不重要，反而是两人之间的惺惺相惜、相得益彰，焕发出夺目光彩，给后人留下美谈。

五、以习劳苦为第一要义

勤者，生动之气。

曾国藩在治家上，非常注重让家人参加家务劳动，特别是随着生活阅历的加深，他越来越认识到勤勉的家风对于防止后辈子弟怠惰，防止形成富贵习气的重要性。咸丰五年八月，在戎马倥偬之余，他给在家主持家务的四弟写了一封家信，信中说，生当乱世，持家之道，不可积累太多的钱财，财货太多会引来灾祸，也不可太过于安逸懒惰。他还说：

“后辈诸儿，须走路，不可坐轿骑马。”

“后辈子弟，总以习劳苦为第一要义。”

以习劳苦为第一要义，即把勤字作为持家第一要义。他认为，仕宦之家，不要积累太多的钱财，要让后辈子弟觉得没有什么可以依仗，要让他们感觉到一天不勤奋，就会有挨饿、受冻的可能，如果这样，他们就会逐渐养成勤勉的风气，就会自足自立。

他对家族中人参与劳作提出了严格要求。

家中种蔬一事，千万不可怠忽。屋门首塘中养鱼，亦有一种生机，养猪亦内政之要者。下首台上新竹，过伏天后有枯者否？此四者可以觇人家兴衰气象。

种蔬、养鱼、喂猪，是从祖父那里继承下来的家训，长出的新竹要及时浇水，否则在夏天天气太热会枯死。曾国藩把这四个方面是否勤勉作为一个家族的兴衰气象。

值得一提的是，有别于中国历史上的其他家训，曾国藩在对家中男子进行严格要求的同时，对女子的要求也很严格、细致。

诸女莫太懒，宜学烧茶煮饭。纺绩虽不能多，亦不可间断。

妇女纵不能精于烹调，亦必须常至厨房，必须讲求作酒、作醋、小菜、换菜之类。

在古代，做饭、纺纱是家中妇女的职责，曾国藩要求家人亲自上手，不要依赖用人。

曾国藩晚年担任两江总督，因为不再带兵打仗，便有了更多时间照顾家庭，这时他对教育子女的方式进行了反思：“对于家中男子，我督导他们勤奋学习，看读写作缺一不可；但是对于女子的教育，则没有立下详细、明确的规矩，以后当为女子订立规矩，并亲自检查。”经过反思，他立下这样的规矩：

食事每日验一次，衣事三日验一次。纺者验线子，绩者验鹅蛋。细工五日验一次。粗工每月验一次。每月须做成男鞋一双，女鞋不验。右验功课单谕儿媳侄妇满女知之，甥妇到日亦照此遵行。

他规定，做饭情况每天检查一次，做衣服情况三天检查一次，对于纺织要检查质量的好坏。细活五天检查一次，粗活一个月检查一次。每个月都要做一双男鞋。这份功课单让家中的女性，如媳妇、女儿、儿媳、侄媳等了解，外甥媳妇来家里住后，也要按照功课表进行劳作。

儿子曾纪泽娶了长沙富家女贺氏，贺氏从小生活优越，是一个典型的千金小姐，嫁入曾家后，发现曾家的家风和娘家不一样，曾家虽然是官宦门第，但生活俭朴，家人都要承担家务，并不是那种衣来伸手、饭来张口的生活，有点不习惯。曾国藩为了让儿媳早日融入曾家，他写信给曾纪泽说：

“新妇初来，宜教之入厨作羹，勤于纺织，不因其为富贵子女，不事操作。”

“须教之以渐，渠系富贵子女，未习劳苦，由渐而习，则日变月化而迁善不知，若改之太骤，则难期有恒。”

新媳妇初来我家，要教她做饭、纺织等家务，不要因为是富家女出身，就不从事劳作。做饭、纺织是女性最重要的工作，孝敬长辈、友爱同辈是最重要的品德，要把曾家的家风教给她。不过，因为她从小生活优越，没做过家务，所以要慢慢教，以求慢慢改变、慢慢融入，不能操之过急，如果骤然间就改变，恐怕也是坚持不了多久的。曾国藩常年在外当官、带兵，他要求新儿媳与女儿一样，每年都要做一双鞋寄给他，既可以略表孝心，也可以顺便检查她们针线功夫是否有进步，从而体察家人是否勤勉。

不幸的是，贺氏嫁入曾家一年后就因难产去世。后来，曾纪泽娶了刘蓉的女儿刘氏续弦。刘蓉是曾国藩的同乡兼好友，也是湘军中的重要人物，后来官至陕西巡抚。曾国藩写过一首《怀刘蓉》的诗，把刘蓉比作诸葛亮，可见刘蓉在他心中的地位。

我思竟何属？四海一刘蓉。
具眼规皇古，低头拜老农。
乾坤皆在壁，霜雪必蟠胸。
他日余能访，千山捉卧龙。

刘氏嫁到曾家后，很快就学会了做家务，常常在油灯前用麻线纳鞋，不到夜半时分不会歇息。

曾国藩的夫人欧阳氏是一个非常有福气，又是一个非常旺夫的女人，自从她嫁来后，曾国藩的学业、事业都是一路通畅。她长得并不漂亮，有人分析过她的照片，认为她“面大如盘，其貌不扬，甚至近乎丑陋，然而仔细推敲，则五官轮廓分明，雍容沉静，是一副女人男相，女人男相乃旺夫之相”。

欧阳氏是一位贤惠、勤劳的女子，一生都严守曾氏家训，生活俭朴。她经常教女儿、儿媳纺纱织布、做衣做鞋。

曾国藩的小女儿曾纪芬回忆说，曾国藩治家非常严，家里女人梳妆都是自己动手，从来都不让用人帮忙。曾国藩任两江总督后，欧阳氏带着儿子媳妇及女儿女婿一大家子从老家过来，随身只带了一个用人，到了两江总督府后，因为家里事情实在太多，便又雇了一个用人，曾国藩知道后，对欧阳氏进行了严厉批评，认为这样会养成子弟的懒惰习气，欧阳氏便把新买的用人转给了女儿亲家。欧阳氏搬到两江总督府居住时，随身带着纺纱机器，在总督衙门里面，她带着儿媳一起坚持纺纱织布，每天晚上，织布机的声音从总督府衙门传到外面，周围百姓听见后，对这位总督夫人是越发地敬重。

六、勤之道有五：身、心、眼、手、口

曾国藩认为，勤奋不是一味埋头苦干，而是要讲究方法，否则也会事倍功半。勤奋的方法有很多，不同的人根据事情的不同，可以归纳出不同的方法，例如，劳力者和劳心者勤奋的方法就有很大不同，勤奋读书和勤勉为官

的方法也不同，不过，无论是什么人什么事，都以“五到”最为关键，“五到”即身到、心到、眼到、手到、口到。他对“五到”进行了解释。

身到者，如作吏则亲验命盗案，亲巡乡里；治军则亲巡营垒，亲探贼地是也。

心到者，凡事苦心剖析大条理、小条理、始条理、终条理，理其绪而分之，又比其类而合之也。

眼到着，著意看人，认真看公牍也。

手到者，于人之长短，事之关键，勤笔记，以备遗忘也。

口到者，使人之事既有公文，又苦口叮嘱也。

在他看来，“身到”是要亲身去做，就像警察检查命案现场、将军巡视营房一样，当然这不等于事必躬亲，而是针对当时为官者事事依赖手下去做的慵懒风气；“心到”是凡事都要用心，要认真、细心地分析事物发生的宏观、微观、初始和最终等各种原因，并综合起来反复分析比较研究；“眼到”是看人、看事的时候要认真仔细；“手到”是勤动手、勤动笔，特别是要勤动笔，好脑袋比不上烂笔头，要养成动笔的习惯，要把关键的地方记下来，以备查询；“口到”是要勤动口，在用公文、书面材料传达信息的时候，也要口头传达，以免对方没有及时接收。

除此之外，曾国藩还提出了“五勤”，即身勤、眼勤、手勤、口勤、心勤。

身勤：险远之路，身往验之；艰苦之境，身亲尝之。

眼勤：遇一人，必详细察看；接一文，必反复审阅。

手勤：易弃之物，随手收拾；易忘之事，随笔记载。

口勤：待同僚，则互相规劝；待下属，则再三训导。

心勤：精诚所至，金石亦开；苦思所积，鬼神迹通。

“五勤”的含义和“五到”是一致的。

曾国藩的“五到”“五勤”是今天我们做人做事的重要参考，无论是从事管理工作还是销售工作，都可以从中获得借鉴。

对于管理者来说，“身勤”就是要经常亲身做调研走访，亲身去了解产品生产情况和用户使用情况，特别是当突发事件发生的时候，要第一时间出现在现场。“眼勤”就是无论看人、看事都要提高眼力，要注重细节，对于公司的重要文件、合同要亲自去看，字字斟酌，不能有一丝一毫的马虎。“手勤”就是勤于做笔记，要把自己的所思所想及时写下来。“口勤”就是要注重与员工的沟通，要做好上传下达工作，另外，拥有良好口才是管理者的一项重要能力。“心勤”就是要多动脑、多思考，特别是对于行业发展趋势、公司内部问题要多思考，只有勤动心、勤动脑，才能把握行业和公司发展的关键所在，并制定适合的应对策略方法。

第三章
家风三：和

通过分析发现，在所有家族的致败因素中，内部不和排在首位，家族的衰败往往与内部矛盾激化、兄弟反目、家族内讧联系在一起。曾国藩熟读历史，非常清楚明白“和”对家庭的重要性，在生活中，也非常重视维护兄弟、妯娌、夫妻、亲戚、邻里、乡党之间的和睦，而在这些关系中，兄弟和睦最为重要，也是他花费心思最多的地方。在他的努力下，曾氏家族虽然内部有意见不一致的时候，但没有出现重大矛盾，可算少有的和睦之家。

《红楼梦》作者曹雪芹的家族曹家，是清朝康熙年间南京的世家旺族，曹雪芹的高祖父曹玺任江宁织造，高祖母孙氏做过康熙皇帝玄烨的奶妈，曾祖父曹寅做过康熙皇帝的伴读和御前侍卫，后任江宁织造兼两淮巡盐监察御使，极受康熙宠信。康熙六下江南，其中四次由曹寅负责接驾，并住在曹家。曹寅病故后，祖父曹顒、父亲曹頫先后继任江宁织造，他们家族担任此职达60年之久。雍正初年，曹頫因卷入皇位争夺，被雍正皇帝以“行为不端”、“骚扰驿站”和“亏空”罪名革职，家产抄没。从此之后，曹家一蹶不振，日渐衰微。曹雪芹出生在富贵门第，从小锦衣玉食，曹家败落后，生活变得极度贫困，经历了这样的人生转折，他深感世态炎凉，写出了《红楼梦》这一文学巨著。

不少红学家研究发现，曹雪芹家族衰败的原因，除了外部因素外，更重要的是家族内部不和、矛盾重重。曹家内部几代人之间为了争夺家族继承权闹得不可开交，兄弟之间鲜有亲情，而且是家族内部的人向雍正皇帝告密，才导致雍正龙颜大怒，查抄曹家。曹雪芹在《红楼梦》里面就隐含了曹家致败的因由。在第七十四回“惑奸谗抄检大观园”中，借探春之口作了预示：

“你们别忙，自然你们抄的日子有呢！你们今日早起不是议论甄家，自己盼着好好的抄家，果然今日真抄了！咱们也渐渐的来了！这样大族人家，若从外头杀来，一时是杀不死的。这可是古人说的，‘百足之虫，死而不僵’，必须先从家里自杀自灭起来，才能一败涂地呢！”

故事背景是丫头在府内检到一个绣有“两个人赤条条相抱”的香囊，邢夫人发现后，不动声色地交给了王夫人，引得王夫人震怒，命王熙凤查抄府内各房，看看是谁窝藏的。查到探春居所时，探春对这种做法非常不满，故而说出了上面那番话。她先说“你们别忙，自然你们抄的日子有呢”，又说“必须先从家里自杀自灭起来，才能一败涂地”，可见贾府不久将因“自杀自灭”而导致抄家，最后彻底败落。

贾府衰败的主要原因有两个方面：一是家庭内部不和，兄弟之间、主人和仆人之间貌合神离。贾赦是荣国公贾源的嫡孙，荣国府官爵的袭承者，贾母的长子，在荣国府居长房之位，他理应担负起振兴家业的重任，但贾母偏心小儿子贾政，令其做了荣国府家长，这令贾赦很不满，自此兄弟之间内耗不断。在上文提到的查抄情节，就是由贾赦的老婆邢夫人推动的，当时管理内府的是贾政的老婆王夫人，邢夫人本来可以把香囊藏起来，然后暗地调查此事，但为了打击王夫人，才把这事公开，并期望引起贾母的注意，进而夺回家族管理大权。二是没有培养好接班人，子孙只知花钱享乐，且一代不如一代。宁荣二公建立了贾府的基业，他们的下一代尚可以守成，但到了第三代，贾敬一心炼丹修道，贾赦是个老色鬼，贾政虽然比较正常，但庸碌古板，不可能有什么建树，而第四代的贾珍贾琏贾环以及第五代的贾蓉，则完全堕落为一群只知吃喝嫖赌的败家子，由这样的人继承家业，贾府败落是必然的事情。

贾府的破败是曹氏家族败落的艺术再现。

一、“和”是中国文化的代表

“和”是和谐、和平、和睦、中和的意思。

中国古人认为，无论是一个人，还是一个家庭或国家，甚至宇宙天地万物，要获得发展必须具备“和”的内外条件，如果没有和谐的关系、环境或秩序，很难有发展。

“和者，天之正也，阴阳之平也，其气最良，物之所生也。”

“万物各得其和以生。”

以上两句话的作者分别是古代的大学者董仲舒和荀子，在他们的心目中，“和”是一种在哲学上具有普遍意义的本体论命题，是万物生生不息、繁荣发展的内在依据。万物由气演化而来，处于阴阳和谐时的气是最好的，这个时候的气才能化生万物。

《易经》认为：

“乾道变化，各正性命，保合大和，乃利贞。”

乾卦是《易经》的第一卦，其中的变化之理是为了让事物各安其位，在不同的位置发展态势不一样，不能超越现有的位置去求发展。例如，处于乾卦的第一卦时，不能妄想有“飞龙在天”的发展，这个时候是“潜龙勿用”，要低调，懂得隐藏自己。当然，处于第五卦时，也不能继续“潜龙勿用”，这是要有作为的时候，要把握时机。如果事物的发展都和其所处的位置相一致，那么就是一种和谐的状态。这种状态的未来是光明的，它的卦象是“利贞”，“贞”是良好、吉利的意思。

正是出于和的这种重要性，从春秋战国时代开始，中国人就把“和”当作一种追求的目标，如在烹饪中，追求各种调料之间的中和，以期美味的食物；在音乐中，追求不同音调之间的搭配和谐，以期悦耳动听的音乐；在家庭中，追求家庭成员之间关系的和睦，以期幸福和谐的生活；在政治中，追求政通人和、天下和平，以期国家安定繁荣，人民安居乐业。

东汉史学家荀悦在《申鉴》中说，君子应当：

食和羹以平其气，

听和声以平其志，

纳和言以平其政，

履和行以平其德。

可谓很好地总结归纳了“和”对人生的意义。

在北京故宫中，有三个重要宫殿：保和殿、中和殿、太和殿，合称故宫外廷三大殿，这三大殿的功能虽有很大不同，却共同代表了中国的“和”文化追求。从《易经》来看，保和太和都是完美的和谐状态，是最高层次的和谐。

太和殿俗称金銮殿，是皇帝和大臣进行朝会的地方，在三大殿中面积最大。“太”指天下万物，“太和”寓意天下间的一切关系都得到协调。“太和殿”是国家政治和权力的最高象征，皇帝和大臣在这里处理天下大事，他们希望“太和殿”这个名字能给国家带来好运。

中和殿是皇帝去太和殿之前休息、思考的地方，皇帝祭祀天地和太庙前也要先在这里审阅祭文，以表示自己的诚意。根据《中庸》记载：

“喜怒哀乐之未发，谓之中；发而皆中节，谓之和。中也者，天下之大本也；和也者，天下之达道也；致中和，天地位焉，万物育焉。”

“中和”主要指人的喜怒哀乐等各类情绪调控良好的状态，在这种状态下，天地万物都能各安其位。这是有现代科学依据的，一个人在情绪良好的时候，看什么都顺眼，什么事物都是美好的，这种情况下不容易有出格举动。皇帝在中和殿里面静静思考，并调控好情绪，提醒自己要正确地处理各类事情，从而为在太和殿中的政治活动做准备。

保和殿是皇帝册封皇后、太子和招待外邦使节的地方，科举考试中的殿试也在此举行。“保和”的意思是“志不外驰，恬神守志”，也就是神志专一，以保持和谐。古代政治的关键在皇帝一人，只要皇帝控制好自己的神志、情绪，国家政事就不会出大问题，从这点来看，中和殿和保和殿承担了共同的功能。

曾任文化部部长的孙家正认为，故宫这三大殿集中反映了中国传统文化以和谐为核心的价值观。太和殿，天地祥瑞，喻人与自然和谐；中和殿，中庸平和，喻人世和谐；保和殿，心态和顺，身体安适，喻人的身心和谐。这也是一种对三大殿的文化解释。

时至今日，“和”文化已经成了中华民族的代表性文化，内在蕴含了中国人做人做事的理念和方式，以及追求的人生目标和生命境界。

看过北京奥运会开幕式的人一定会对其中的表演记忆犹新。2008 年的北京奥运会是中国人主办的第一届夏季奥运会，承载了中国人的百年奥运梦想。为了办好这届奥运会，中国奥组委进行了精心准备，特别是对开幕式上的表演，别出心裁，不但请了著名导演张艺谋担任总导演，而且以展现中华传统文化的魅力为主线。当天的表演首先是“有朋自远方来，不亦乐乎”的欢迎仪式，随后，鸟巢体育馆中央一幅巨大的卷轴慢慢拉开，这幅长 147 米、宽 27 米的巨大 LED 卷轴让全场震惊。卷轴就像一幅画一样，随着它的缓缓打开，中华民族五千年的灿烂文化依次展现，内容包括中国历史文化的起源和发展、四大发明、戏曲、丝绸之路的商队和地图、郑和下西洋的盛况等。特别是在活字印刷术方面，先后以象形文字、篆体、宋体三种字体书写了“和”字，不但展示了中国汉字发展的历史，也表达了中华民族的和谐、和平理念。

在北京奥运会期间，为了让参会的外国人了解中国文化、学习中国语言，特别是一些常用会话，例如“你好”“对不起”“谢谢你”等，奥运村安排了专门的汉语老师，还准备了《奥运汉语100句》《奥运汉语30句》等实用教材。北京奥运会开幕式后，很多外国人被“和”字的魅力所吸引，对学习中国汉字表现出巨大的热情。据官方介绍，很多参加奥运会的运动员、教练和官员，正是在开幕式元素的吸引下，走进奥运村的中文学习区，他们要学的首先就是“和”字。

外国专家认为，“和”文化是中国对世界文化的重要贡献，中国古老的“和而不同”理念与当今世界普遍认同的“多样性”是一致的。“和”是两个不同事物的“合”，融合产生新事物，这不仅仅指两个事物之间的平等，而且相互依存、彼此吸收营养，相合相生。最好的例子是家庭，两个彼此平等的人结合，产生新的家庭，和的观念表达了中国民众渴望安定、平和、幸福生活的普遍愿望。在当今世界的各种各样文化中，和文化是最能获得不同族群、信仰的人认同的文化，也是未来最有生命力的文化。

二、家和则福自生

在对“和”的追求中，家庭和睦是最重要的一个方面。古人认为，家和生财、家和生福、家和万事兴，因此，在家庭建设中非常重视营造和谐、和睦的关系和氛围。

曾国藩熟读历史，非常清楚明白“和”对家庭的重要性，在生活中，也非常重视维护家庭的长幼、兄弟、妯娌、夫妻之间的和睦，而在这些关系中，兄弟和睦最为重要，也是他花费心思最多的地方，在他的努力下，曾氏家族虽然内部有意见不一致的时候，但没有出现重大矛盾，可算少有的和睦之家。

道光二十三年，曾国藩和几个弟弟之间发生了一点矛盾，起因是弟弟们想来京城读书，而曾国藩觉得这样一来需耗费大量路费，二来父母身边就没人照顾，所以他没有同意弟弟们的请求。这惹来了几个弟弟的不满，他们在回信中说，曾国藩平时对他们的要求太严了，一点都不宽恕，而且讲的都是大道理，家信中总是在挑他们的不足之处，这给父母造成了一种印象，他们和曾国藩比起来差了很多，他们的资质难道很粗鄙吗？

“月信徒以空言责弟，令堂上阅兄之书，疑弟辈粗俗庸碌，使弟辈无地可容。”

这话说得很重，曾国藩看了之后大为震惊。在回信中，反思了弟弟们对自己生怨的原因：“刚考上进士时，六弟就想和我一同进京读书，当时因为自己工作、住所都未定，便没有应允。家眷来京时，遂请弟弟们一同前来，但没有指定谁来，特请父母拿主意，父母让九弟来京。九弟的意愿得到了满足，但四弟、六弟的愿望没有得到满足，年年待在家里，得不到名师指点，科考又不利，这几种原因加在一起，使他们对我生出了怨气。”

在道光二十三年正月十六日写给父母的家信中，曾国藩对兄弟团结和睦的重要性进行了反思，他说：

“夫家和则福自生，若一家之中兄有言，弟无不从，弟有请，兄无不应，和气蒸而家不兴者，未之有也。反是而不败者，亦未之有也。”

一个月后，即道光二十三年二月十九日，曾国藩再次写了一封信，对自己的不足和过错进行进一步反思：“回顾过往经历，弟弟们可以怨我的地方有几个方面，一是在家教弟的时候，太过严格，缺少宽容。二是刚考上进士的时候，应酬比较多，在家的时候没有认真教他们。三是进京时没有带六弟。四是没有为弟弟们寻找名师，仅仅请族里的长辈教之。这五个方面，使四弟六弟对我心怀不满，也很少写信给我。”

“丁酉在家教弟，威克厥爱，可怨一矣。己亥在家，未尝教弟一字，可怨二矣。临进京不肯带六弟，可怨三矣。不为弟择外专，仅延丹阁叔教之，拂厥本意，可怨四矣。明知两弟不愿家居，而屡次信回，劝弟寂守家塾，可怨五矣。”

他还说：“去年曾经和九弟闲谈，为人子者，如果自己优秀，但让父母觉得弟弟们都不如我，就是不孝；如果家族乡党称赞我，认为兄弟们都不如我，也是不孝。为什么呢？如果让父母心中有优秀和不优秀的区分，如果让家族乡党之人有优秀不优秀的区分，那说明自己平时有讨好父母、家族乡党的嫌疑，暗用心计，自己得了好名声，兄弟们得了坏名声，日后兄弟之间必从此生出嫌隙。刘大爷、刘三爷兄弟都想做好人，后来反目成仇，因为刘三爷得了好名声，是建立在刘大爷坏名声基础上的。如今弟弟们责备我，让我汗颜，也让我惶恐。但愿我们兄弟五人都能明白以上道理，彼此互相谅解，做兄长的以弟弟得了坏名声为忧，做弟弟的以不能让兄长得好名声为自己过错，如果我们兄弟个个都这么想，那么兄弟之间永远不会有嫌隙。”

“兄弟和，虽穷氓小户必兴，兄弟不和，虽世家宦族必败。”

曾国藩深刻地了解到，兄弟和睦，即使是贫寒之家，也可以兴旺，曾家也是这么从普通的乡村家庭发展起来的，但如果兄弟不和，即使是世家宦族也必衰败。正因意识到了兄弟和睦的重要性，他在家信中不断地教导四位弟弟，让他们以兄弟和睦为第一。

曾家在曾国藩父亲去世后，因为家庭成员较多，加之几兄弟都独当一面、事业有成，居住在一起不但地方不够，也不合适，于是几兄弟分了家，曾国藩继承了祖屋黄金堂，四弟曾国潢、九弟曾国荃另行建立了更为气派的住宅。虽然在生活上分家，但重要的家族事情也都由四弟曾国潢主持。

同治二年，曾国藩已经是两江总督，在繁忙的公务之余，他对曾家几年来的情况感到满意，于是给在家主持家务的四弟写了一封信，进行夸奖，认为这些年家庭和睦主要是四弟一人的功劳。

“余于家庭，有一欣慰之端，闻妯娌及子侄辈，和睦异常，有姜被同眠之风，爱敬兼至，此足卜家道之兴。然亦全赖老弟分家时，布置妥善，乃克臻此。”

“二人同心，其利断金；同心之言，其臭如兰。”曾国藩统率湘军后，几个弟弟都先后从军，且作战勇猛，特别是九弟曾国荃最为忠实地执行他的命令，为湘军最终打败太平军立下了汗马功劳。曾国藩被封为侯爵后，他在家信中说，这个爵位主要是靠九弟曾国荃的功劳，虽有谦虚的地方，但也说明九弟对他的帮助之大。

三、侍奉父母长辈要孝

无论以古代还是现代的眼光来看，曾国藩都是一个孝子，他把孝看得很重，一生始终在践行孝。

自从考中进士，赴京城为官后，曾国藩几乎每个月都要给在老家的父母、祖父母或叔父母写信，有时候一个月好几封，在信里面，对长辈的生活、身体状况问得很细，并要求弟弟们照顾好老人，今天我们读他的家信，依然可以从中感受到在外游子对父母的关爱之心、赤子之情。

道光二十八年，家里来信说祖父生病了，已经有一段时间，父亲、叔父在前服侍。叔父的身体本来就不好，加上前段时间为了家中盖房的事情，过于劳累，以至吐血，照顾祖父的重任主要由父亲一个人承担。曾国藩收到家信后，非常担忧，恨不能马上赶回家去照顾祖父，可朝廷对官员管理很严，没有皇上的旨意不能随便回老家。

他除了在京城为祖父祈福，希望祖父尽快好起来外，还写信回家，表达对父亲身体的担忧，希望父亲不要太劳累，“我听到家里的情况很是担心，父亲、叔父不要太操劳了，服侍祖父的事情由你们来做，家里的琐事可以让四弟管理，至于粗重的体力活，可以雇一个用人，如果一个不够，就雇两个，其中一个要灵巧秀气，专门用来照顾祖父。”曾国藩在信的末尾说，他在京城的生活也很艰辛，经济也很紧张。

“光景之窘，较胜往年，然东支西扯，尚可敷衍。”

然而，即使在这样的情况下，他也安慰说，等发了工资马上寄一部分回家。

孔子认为，观察一个人是否孝的标准，要看他有没有改变长辈订立的规矩，如果长辈一去世就把他订立的规矩废除，这样的人不是真孝顺。

“父在观其志，父没观其行，三年无改于父之道，可谓孝矣。”

曾家的规矩是由祖父奠定的，曾国藩对于祖父一直怀有崇敬之心，祖父的教诲严格遵循，并要求后辈子弟继续传承下去。咸丰十年，曾国潢四十岁，这时他们的祖父母、父母都已经去世，曾国藩在写给他的信中谈起治家之道时说，“一切以星冈公为法”，星冈是祖父曾玉屏的字。曾玉屏治家有八字诀，“书、蔬、鱼、猪，早、扫、考、宝”，这八个字所代表的内涵前文有介绍，曾国藩说：“祖父生前对这八个方面非常看重，我把这八个字写在屏风上，作为你的四十寿辰贺礼，你把它摆在堂上，以使后世子孙知道我们家的家风、家训。”咸丰十一年，他在写给四弟的家信中又再次提及：“家中兄弟子侄，惟当牢记祖父这八个字。”曾纪泽新婚后，新儿媳过门不久，就写信给儿子说，要让新媳妇做家务，勤记八字诀，不可养成不良习惯。

曾国藩在京城为官十多年，非常想念在家的父母，可由于朝廷制度的原因，即使心中再想念，也不能回家。咸丰二年，他等来了一个机会，这一年朝廷任命他为江西乡试的主考官，江西和湖南相邻，他接到任命后就向朝廷请了一个月假，以便回湖南老家一趟，朝廷考虑到他的情况，批准了。不过，还没有走到江西，就接到了母亲去世的家信，万分悲痛之下，他匆忙写好给皇上的辞呈，就赶回老家奔丧。而这时，洪秀全的太平军已经打到湖南，长沙受到威胁，办完母亲丧事不久，守孝期还没过一半，他就被任命为湖南帮办团练大臣，组织招募军队对抗太平军。自古忠孝难两全，在再三推辞无果的情况下，他不得已，只能带孝从军。

曾家四兄弟都先后在军中效力，家中只留父亲和四弟两人，但四弟也经常不在家。曾国藩给四弟写信说：“信使回来后，知道你也不在家，去县里办团练去了。我们兄弟都在外带兵打仗，六弟、九弟在我身边，小弟在离家三十里外的地方，你又时常外出，遂无一人侍奉父亲膝下，这实在和《论语》中教导的‘父母在、不远游’相违背，我们几个离得远，照顾不到家里，你应多待在家里，以尽孝顺之职，不要总外出办事。”他对四弟的期望是：

“洗尽浮华，朴实谙练，上承祖父，下型子弟，吾于澄弟实有厚望也。”

曾氏几兄弟中，老四曾国潢在曾国藩的劝说下，没有带兵打仗，而是留在家里管理家事、教导子侄。曾国潢牢牢记住大哥的话，把曾国藩的治家理念、教子思想付诸实施，后来曾家的子弟个个成才，这其中也有曾国潢的功劳。

曾国潢一生普通，不像六弟、季弟那样参军打仗、跃马扬鞭，死得轰轰烈烈，更没有大哥、九弟那样封侯封伯、督抚一方。因为他是家中次子，在大哥公务繁忙的情况下，照顾家业、主持家务的责任就不可避免落到他的头上，在弟弟们都想扬名立万、建功立业的时候，他只能待在家里侍奉父母、教导子弟。曾国潢对大哥曾国藩非常崇拜，非常听大哥的话，在他的心目中，大哥如兄如父。曾国藩去世后，他亲自赶到千里之外的南京，在万分悲痛中把大哥的遗体接回老家安葬，曾国藩是家里的顶梁柱，这个家的所有荣耀都来自大哥，大哥也经常写信勉励他克勤克俭，教导好家中子弟，在接回大哥遗体的路上，他肯定在想，以后不光家里的顶梁柱倒了，那个经常给他写信、对他教导的人也不再了。弟子门生都给家里送来挽联，按理说作为弟弟是不用写挽联的，但他仍然写了一副，从中我们可以看到他对曾国藩的拳拳敬意。

无添所生，病如考，没如妣，厥德有常，更如王父，孝友式家庭，千里奔临空自泣；

以古为鉴，文似欧，诗似杜，鞠躬尽瘁，殆似武乡，功名在天壤，九原可耐作人思。

在孝顺祖父母、父母时，曾国藩对叔父母也非常孝顺，除了给他们写信，还为叔父母请了诰封，叔父母去世的时候官封正一品光禄大夫、正一品诰命夫人，这在古代都是不常见的。按照古代的官场惯例，官员达到一定级别后可以为父母、祖父母、曾祖父母请诰封，但一般都是直系长辈，很少有给旁系叔伯请诰封的。叔父曾骥云一辈子可说比较抑郁，在读书上没有丝毫功名收获，结婚后也没有生儿子，虽然在父亲的主持下，将兄长的儿子，也即曾国藩的六弟曾国华过继到了膝下，但曾国华在与太平军的战役中战死。曾国藩在叔父去世后，特意写信给四弟、九弟，对他们说，

“叔父生平虽处顺境，受人尊重，但暗中却极抑郁，想来让人伤心。”

他嘱咐弟弟们一定要把叔父的丧事办得风风光光，要请六十四个人抬棺，并建立诰封亭，在上面写上叔父的生平和官位。叔父曾骥云只比曾国藩大四五岁，虽然辈分不同，但属同一年龄段的人，他能侍奉到如此，足见他把孝字看得很重，并认真践行。

四、周济亲族与和睦乡邻

在保持家庭和睦的同时，曾国藩家族非常重视维护姻亲邻里关系，祖父的“八字诀”中的“宝”字就是指要以邻里关系为宝，祖父教导子弟说，“有钱有酒款待远亲，火烧盗抢喊四邻”，“富贵之家不可敬远亲而慢近邻”。曾国藩也非常重视邻里姻亲关系，相对于祖父来说，他把这种关系的重要性说得更透彻。

曾国藩在京生活，因为要养活一大家子人，还要时常给老家寄钱寄物，而收入只有他一个人的俸禄，因此生活比较拮据。道光二十三年，他被任命为四川乡试主考官，考试完后，当地官员及中举的士子按惯例都送了些钱给他，加起来有二千两银子左右，这对曾国藩来说是一笔不小的数目。曾国藩把其中一千两寄回了老家，并注明“六百两作为家里还债和日常生活之用，四百两用来接济亲戚”。

这引起了曾家兄弟的巨大争议，弟弟们认为，虽然钱是曾国藩寄的，但爷爷和父亲都在，怎么花要由长辈说了算，再说自己家里也不富裕，人口比较多，几个弟弟都在读书，还欠了债没还清，因此，他们不同意用四百两接济亲戚。弟弟们在回信中直接说曾国藩好糊涂，并讽刺他，这是在为自己积攒好名声。

曾国藩事先没有想到会引起弟弟们这么大的不满，更对弟弟的嘲讽感到伤心，他说在自己望眼欲穿等待家信的时候，等来的却是弟弟们冷嘲热讽，他对兄弟间生怨的事情比较忧心，为此回了好几封信，并说钱怎么花，由爷爷和父亲决定，自己的意见就当作参考，不一定非要按自己的意思做，不过他要求家里把怎么花钱的明细给他寄一份。在回信中，他还说，我们家里虽然也不宽裕，但相对于有些亲戚来说，又好很多，况且很多亲戚以前都帮过他家。他列举了一些亲戚的生活状况，例如：

1. 入京之前，曾到舅家，看到他们家非常穷，住在洞穴里面，感到很难过。十舅送我走的时候说，“以后去给你当烧火夫吧”，五舅也说，“以后让儿子媳妇去帮你干活”，我当时回复说，“京城也很苦，不要来”，还没说完，就忍不住流眼泪。如今舅舅们年纪都大了，十舅更已去世，如果今天还不帮一把，大舅五舅可能就再也享受不到我们的孝敬。

2. 国兰姐姐、国蕙妹妹，嫁人后，家运不好，特别是国蕙妹妹，再过几年，不知道还能不能生活下去。作为她们的兄长，我怎么能不帮忙呢？不帮的话，怎么说得过去？

3. 我的岳父家，家境很苦，且外债多，岳母送我的时候，曾留着眼泪叮嘱我，希望我能帮一把。六弟、九弟的岳父家，也都只剩下孤儿寡母，境况比我们家差多了，我们不帮的话，谁帮他们呢？

4. 丹阁叔在我第二次上京会试的时候，听说我没有路费，便把牛卖了，资助八千钱，如今他生活艰辛，我们要还的不止八千。

除了这次外，曾国藩在往后也时常给亲戚寄钱。如，道光二十六年，他在写给叔父的信中说：“我寄了五十两回家，其中四十两的用途，六弟九弟在省城读书用二十六两，四弟季弟学费六两，买漆四两，欧阳岳母奠金四两。余下的十两，如果留做家中日常用度，显得太少了，加这一点没有大用，没有这一点亦无妨，侄儿的意思，亲族中有最苦的，得不到一点照顾的，求叔父将这十两换成铜钱，分送最清苦的人家。叔父送去时，万不要说是侄儿的意思，以免那些没有得到的人有看法，有怨言，二伯祖处，或者不送钱，按期送肉和油、盐之类，请叔父斟酌办理。”

在京城为官期间，有一次，家中和族人闹了矛盾，起因是老家要盖新房子，但因为土地的事情和族人闹得不可开交，四弟就写信给曾国藩，希望他能动用官方的身份来解决这件事情，曾国藩收到信后，想起了康熙年间礼部侍郎张英的典故。

张英是安徽人，在康熙朝任文华殿大学士兼礼部侍郎，有一次收到家信，信中说家里因为建房的地皮问题和邻居产生了纠纷，并提出希望张英以官方的身份来压服邻居，张英思考再三，写下了一首著名的诗句：

千里家书只为墙，让他三尺又何妨；

万里长城今犹在，不见当年秦始皇。

家人接到信后，主动将自家修建的院墙退后三尺，邻居知道后，也主动退后三尺，这就形成了安徽桐城著名的“六尺墙”。

曾国藩在回信中，也没有说太多，只是把以上典故抄了一遍，家人收到信后，胸襟豁然开朗，“让他三尺又何妨”，毅然退缩了三尺。曾家的这一举动，深深地感动了邻居，不仅不再与曾家争执，也退回三尺，于是就有了历史上著名的“六尺胡同”。

往后，曾国藩还多次劝导弟弟，让他们一定要维护好和族人的关系，他给四弟写信说，宗族姻亲，不论他们怎么对我们，我们都要一概爱之敬之。

“至于宗族姻党，无论他与我家有隙无隙，在弟辈只宜一概爱之敬之。孔子曰‘泛爱众而亲仁’，孟子曰‘爱人不亲反其仁’，‘礼人不答反其敬’。”

道光二十九年，湖南发生水灾，以至物价大涨，曾国藩想在老家购买义田，用来接济贫苦的乡邻。他在写给弟弟们的信中说：“听说乡间的谷价，已经贵到三千五百钱，这是自古以来没有的情况，老百姓何以聊生？我自从当官后，就想为老家置办一处义田，以救助贫民，不料世道日苦，我也不富裕，今后，朝廷发放的俸禄，除供堂上大人和日常生活用度之外，如果稍有盈余，一定都留做义田的资金，我已下决心，希望弟弟们支持。”

后来由于种种原因，义田的想法没有实现，但曾国藩对维护邻里亲族关系的要求，使得曾家后辈子孙在乡间都非常节制，从不对邻里盛气凌人，反而和周边邻居相处愉快，而这是一个家族立足、兴盛的根本。试想一下，如果反过来，曾家子弟盛气凌人、鱼肉乡里，周边百姓饱受欺压，敢怒不敢言，这样的家族能长期兴旺吗？历史上欺压乡里的家族很多，但一朝倾覆，乡邻无不拍手称快！

五、家庭切忌语言暴力

曾国藩经常和弟弟们通信，讨论治家问题，弟弟们有时也会把自己的想法告诉他。咸丰八年，九弟曾国荃写信说，家人之间不可说“利害话”，这得到了曾国藩的极大赞同，他在当年十二月写给四弟曾国潢的信转述了这句话，

“沅弟信言：‘家庭不可说利害话’，此言精当之至，足抵万金。余生平在家在外行事，尚不十分悖谬，惟说些利害话，至今愧悔无极！”

曾国藩说的“愧悔无极”，主要事情发生于他在家为父守孝期间。

咸丰七年正月初四，曾国藩父亲去世，消息传到南昌军营后，曾国藩非常悲痛，写好给朝廷的辞呈后，便和同在军营的六弟曾国华一起回家奔丧，九弟曾国荃也自吉安军营回家奔丧。

曾国藩从咸丰四年创建湘军以来，饱受非议和排挤，加之没有地方实权，军饷没有固定收入，处境非常艰难困苦，他本想利用为父丁忧的机会，让朝廷赋予他地方军政实权，因此，在皇帝几次催逼赴任时，他都以为父守孝的理由来抵制。不想，前方战场的形式发生了很大变化，胡翼林、王鑫等多路将领在与太平军的战斗中都取得了胜利，皇帝感觉没有曾国藩，前线形势似乎更好，便顺水推舟让曾国藩在家守孝。曾国藩感到自己的意见皇帝没有重视，而一手创办的湘军却似乎和自己没有多大关系了。这段时间他的内心非常苦闷，在家的脾气也不好，经常冲家人发火，他的几个弟弟都先后被他训过，特别是六弟曾国华，兄弟间多次发生过口角。

咸丰八年十月，曾国华在三河战役中阵亡，曾国藩大为悲痛，对于咸丰七年在家守孝时的行为感到非常后悔。他在当年十一月写给四弟、六弟的家信中说：

“去年在家，因小事而生嫌衅，实吾度量不宏，辞气不平，有以致之，

实有愧于为长兄之道。千愧万悔，夫复何言！”

“去年我兄弟意见不和，今遭温弟之大变。和气致祥，乖气致戾，果有明征。嗣后我兄弟当以去年为戒，力求和睦。”

曾国藩没有来得及和六弟说一声道歉，六弟就阵亡了，这让他感到非常悔恨。经过此事后，他着力于修身，一再告诫家中子弟，一家人在一起要和气，不要说过头话，以免伤到亲情。

家庭不可说利害话，用现代话来说就是家人之间不能冷言冷语，更不能有语言暴力。

现在，有很多人在工作单位小心谨慎，说话非常注意，生怕引起领导和同事的不快，但回到家里就不注意，特别是在单位受了委屈，回到家后对家人恶语相向。其实，家人之间说话也要顾忌彼此的感受，也要讲究技巧，经常对家人使用语言暴力，不但会影响家庭和睦，甚至会导致家庭悲剧。

如果我们认真观察周围的家庭，就会发现这样的现象：那些脾气温和、对孩子说话柔声细语的家长，通常给孩子营造一种和睦、幸福、快乐的家庭氛围；而那些脾气暴躁，习惯对孩子大声呵斥的家长，通常给孩子带来的是温情不多、对人冷漠的家庭氛围。前面的家庭，内部成员间关系多是和睦的，家人间更容易珍惜彼此的亲情，而后面的家庭，亲情在一次又一次的呵斥中不断流失，时间长了家人间会出现更意想不到的伤害行为。

贵州有一对孪生姐妹，父母因为平时工作忙，把她们寄养在姨姑家，到小学三年级才回来和父母同住。和父母一起生活后，发现父母的要求很严格，没有达到期望时，经常被大声呵斥。15 岁那年，她们在中考时双双落榜，继而被父母严厉责骂，这引起了她们强烈的逆反心理，在某天夜里，失落的姐妹俩突然萌发了把父母整死寻找自由的念头。她们先后三次策划毒死父母，第一次谋杀计划是在屋里开煤气，两人半夜起床偷偷关上窗户打开煤气，想把半夜起床上厕所的父母毒死。第二次谋杀是趁妈妈在厨房忙活时，将毒鼠药放在妈妈的饭菜里，结果妈妈被送进了医院，爸爸也刚好因痛风入院输液。第三次谋杀，将 6 瓶毒鼠强倒进爸妈的稀饭，夫妻俩在痛苦中死去。

在家庭中，语言暴力是婚姻的大敌，它会摧毁夫妻间的尊重、信任和倾慕，给婚姻带来毁灭性的破坏力。俄国大文豪托尔斯泰备受人们爱戴，但他的婚姻是一幕悲剧。托尔斯泰的妻子索菲亚是沙皇御医的女儿，年轻聪慧、兴趣多样、富有活力，能画画、善织绣、喜欢写作，还能把家务打理得井井有条，在嫁给托尔斯泰后，她在 20 年的时间里生了 13 个孩子。还帮助托尔斯泰誊写手稿，《战争与平和》手稿长 3000 页，她誊写了 7 遍。照理说娶了一个这样的妻子，托尔斯泰应该很幸福才对，但事实却不是如此，他们经常吵架，有人评价说，他们在一起生活 48 年，其中 35 年是在争吵中度过的。

托尔斯泰是大文豪，总希望索菲亚也达到和他一样的层次，在妻子没有达到的情况下，便不屑于和她交流，甚至经常冷言冷语，以至于他们之间存在严重的沟通障碍。他瞧不起女性，对自己的亲生女儿也经常口出恶言。索菲亚也有严重的毛病，那就是妒忌，她妒忌和丈夫接触过的所有女性，甚至男性，当托尔斯泰和男性交往密切时，她会讽刺丈夫是同性恋。托尔斯泰晚年改信社会主义，在作品中向往农民那样的田园生活，而现实中却过着贵族式的生活，索菲亚认为他言行不一，是一个伪君子。

由于实在无法忍受对方的恶语，在 1910 年 10 月的一个夜晚，82 岁的托尔斯泰选择了离家出走，11 天后，倒在了雪地上，他临死前的请求是，不允许索菲亚来看他。索菲亚非常后悔，她在临死前向女儿忏悔说："你父亲的去世，是我的过错。"她的女儿没有回答，而是失声痛哭起来。

六、五种“和”的能力

和谐是我们的追求，但和谐不会自然产生，无论是在一个家庭、一个组织或一个单位中，和谐的关系都需要我们精心去培养、维护，而要取得这种效果，需要具有五种“和”的能力：亲和力、言和力、应和力、调和力、中和力。

亲和力，是一种使人愿意接触、亲近的力量。在和他人交往中，亲和力高的人更容易获得别人好感、认可，更容易在工作中获得别人配合、协作，更容易取得成功。现实中，我们经常发现，身边总有一些亲和力高的人，他们人缘格外好，同事们都愿意和他们聊天，很多事情只要他们开口，别人就会毫不犹豫地答应，但换一个人效果则可能完全不同。亲和力的培养，需要改变对人对事的心态，并从改变自身形象、气质入手，多微笑，争取给人友好、如沐春风的感觉。

言和力，即沟通能力。言和力的重要性毋庸置疑，人是社会的动物，社会是人与人相互作用的产物，人与人的交往离不开沟通，特别是在现代社会，沟通能力更是一个人生存与发展的必备能力，也是决定一个人成功的必要条件。在沟通中既要把事情办成，又要维持双方的良好关系。良好的言和力需要悉心倾听，设身处地为对方考虑，那种以牺牲关系为代价的沟通，即使达成了目的，也不是言和力。

应和力，指工作中的协调配合能力，包括呼应他人工作的能力、与他人协调相处的能力。应和力是一种团结协作能力，要求在工作中处理好上下左右前后的关系，在团结协作中取得和谐的效果。我们总是处在一定的社会组织中，总要和他人协调配合共同完成一些事情，不论是在家庭还是在工作单位，当我们和他人合作共事的时候，就必须有团队精神，必须有协同配合的意识和能力，必须懂得欣赏、尊重、包容、信任别人和共享资源。现代企业需要协调不同类型、不同性格的人员共同奋斗，如果缺乏一定的合作精神，那么，这样的人其职业生涯将会大受影响。

调和力，即调和各种矛盾的能力。有人的地方就有矛盾，一个单位或组织内部不可能事事一团和气，总有竞争、冲突的地方，调和能力的关键是“和”，有些矛盾可能因为利益的根本冲突由来已久、根深蒂固，要解决几乎不可能，领导者要做的也不是根本解决矛盾，而是如何把矛盾控制在一定范围，保持一种矛盾双方不至于失控的状态。对企业的中层及高层领导者来说，在工作中总会遇到各种各样的矛盾，有些是内部的，有些是外部的，而能否及时有效地调和这些矛盾，不使其进一步激化进而影响整个团队或单位的效率，将显得至关重要，也是考验一个领导者是否胜任的关键。

中和力，即调解自身情绪的能力。相对于亲和力、言和力、应和力、调和力侧重处理自身与外部人事的关系，中和力则侧重处理自身内部心理状况的能力，从而保持一个和谐健康的心态。我们每天都在面对大量的人和事，心情也在随着外部人事的变化而变化，遇到高兴的事情则或喜或乐，遇到不高兴的事情则或怒或忧，我们的情绪每天都在波动。中和力要求控制情绪波动的幅度，不使其过高，也不过低，不能像坐过山车，那样我们的心脏、大脑和血管会受不了，凡是情绪长期波动过大的人，身体必然会出现各种各样的问题。良好的心理是身体健康的前提，也是成功事业的保障。目前，我们对前四种能力强调的比较多，但对中和力则谈得过少，这是不正确的。

观察曾国藩的人生经历，可以发现他的五种能力都比较高。在京读书期间，很多人都愿意和他交往，他也有大量良师益友，统率湘军后，更有大量人才来投奔，他的幕府中聚集了当时大半个清朝的杰出人才，这些人并不都是为了利益，许多是为其人格魅力所吸引，这说明他有很高的亲和力。

曾国藩其实并不擅长带兵打仗，凡是他亲自指挥的战斗基本都失败了，但他具有很高的应和力、调和力，能把不同出身、背景的将军统领到自己的麾下，在和这些将军相处时，曾国藩既是大帅，又是提供后勤保障的辅助者，在面对功劳时，他总是把别人摆在前面，自己屈居后面。曾国藩的部队虽然称为湘军，但其内含有多股势力，后期李鸿章的淮军、左宗棠的楚军也归他统一指挥，这些势力、部队之间有的矛盾很深，不但争功抢功，甚至在战场上互不救援，但面对这样一支部队，曾国藩通过高超的调和能力，没有使矛盾失控，湘军作为一个整体保持到打败太平天国，最后也是他主动解散的。

在言和力方面，曾国藩的语言技巧就更加高明，他虽然给人深沉、话不多的印象，但特别善于倾听，为数不多的话也总能说到关键之处，让人听后心悦诚服。李鸿章回忆说，曾国藩不太爱说话，拜访过他的人都知道这一特点，因此，为了不冷场，总是尽量多说些话，曾国藩则认真倾听，偶尔插上几句，但凡是他说的，总在要害之处。

在中和力方面，曾国藩的个人修养就更高，他特别重视身心和谐，尤其是心理和谐。曾国藩有一套完整的精神修炼法，他喜欢看庄子《养生主》，学习其中顺应自然天地的洒脱心态，也喜欢看孟子《养心章》，学习其中寡欲以养心的人生态度，并积极蕴养浩然正气。他的身体从小就不好，但因为内在调和得法，即使外在的身体一直疾病不断，也支撑其完成了少有人能成就的伟业。他虽然心脑血管不好，有几十年的头晕症，但晚年并没有得脑溢血，也没有老年痴呆，并活了 61 岁，这在那个时代也算很不错的寿数。他去世前一天还在正常处理公务、写日记，发病时从不能说话到去世只有不到一小时，基本上没什么痛苦，这些都得益于他的精神修炼法，当精神足够强大时，就会克服物理上的不足，并占据主导地位，带领物理意义上的身体继续走出很远很远的人生之路。

第四章

家风四：俭

古代家族都把“俭”作为家训的重要内容。这有多重原因：一是俭能兴家。成由勤俭败由奢，历史上的许多家族都是靠勤俭兴家，曾国藩家族也不例外。二是俭则寡欲。一个人如果欲望太多，则会被欲望牵着走，甚至沉迷在欲望中而不能自拔。三是俭者收敛。奢是张扬，俭是收敛，张扬是致祸之由，收敛则是成功之道。《周易·否卦》认为：“君子以俭德辟难。”四是一种生活方式。儒释道三教都认为，简单、俭朴的生活既可以养生，又可以蓄德。

俭是节俭、节约，中国传统文化重视俭，很早就把其作为一种美德与治家治国之道来提倡，先秦时代的儒、道、墨三家是其中的代表。

孔子明确反对生活奢侈，认为生活奢侈会让人傲慢不谦虚，弟子子贡更是以“温、良、恭、俭、让”来形容他的德行。

子禽问于子贡曰：“夫子至于是邦也，必闻其政，求之与？抑与之与？”

子贡曰：“夫子温、良、恭、俭、让以得之。夫子之求之也，其诸异乎人之求之与？”

“温、良、恭、俭、让”也是孔子留给后人的生动形象。

老子是古代的大智者，相传孔子曾向他请教学问。在《老子·六十七章》中，他说：

“我有三宝。一曰慈，二曰俭，三曰不敢为天下先。慈故能勇；俭故能广；不敢为天下先，故能成器长。”

老子认为，对人类来说有三件法宝值得重视，需要长久保有，一是慈柔，二是节俭，三是不敢为天下先。慈柔能助长勇敢，节俭能成就富裕，不敢为天下先，反而能成为天下的首长。这是中国式的辩证法。关于“俭故能广”，还可以有多种解读，当把“俭”解读为“简”时，则意思为“行事简单方可广博”，其寓意更加深刻。

相对于孔子、老子，墨子更为明确提倡节用、节俭，“俭节则昌，淫佚则亡”。墨子认为古时民风淳朴，民众朴素容易治理，君主节俭容易富足。时下君主则不同，他们为了制作华美的衣服，役使男工雕刻、女工刺绣，耗时耗财耗力，长此以往，上行下效，百姓奸巧难以治理，君主奢侈难以劝谏。因此他提出“是以其民俭而易治，其君用财节而易赡也”。这对现代国家治理也具有参考价值。

曾国藩在家庭教育中，非常注重节俭教育，且身体力行、身先示范，在他的教育下，子女都保持俭朴的生活习惯。曾纪泽在国外担任大使期间，忆起昔日父亲的教诲，写下一副自箴联挂在使馆的书斋上，联曰：

濡耳染目，靡丽纷华，慎勿忘先子俭以养廉之训；

参前倚衡，忠信笃敬，庶可行圣人存而不论之邦。

身在异国他邦，面对资本主义的靡丽纷华，曾纪泽能始终不忘父亲俭、忠、敬的教诲，可见父亲对他影响之深。

一、俭是传统家训的核心内容

古代家族都把“俭”作为家训的重要内容。诸葛亮是三国时期蜀国丞相，46 岁时才有了儿子诸葛瞻，疼爱有加，既希望儿子将来成为国家栋梁，又怕儿子养成官宦人家的不良习惯，在《诫子书》中以“俭”来教育：

“夫君子之行，静以修身，俭以养德。非淡泊无以明志，非宁静无以致远。”

著名的《朱柏庐治家格言》全文五百余字，内容简明扼要，文字通俗易懂，朗朗上口，问世后很快就家喻户晓，其中也提倡俭，如：

“一粥一饭，当思来之不易；半丝半缕，恒念物力维艰。”

《颜氏家训》是传统家训中的佼佼者，受到古今众多名人推崇，很多家族都据此制定本族家训，其中引用孔子的话，以俭来告诫子孙：

“孔子曰：奢则不孙，俭则固。与其不孙也，宁固。又云：如有周公之才之美，使骄且吝，其余不足观也。然则可俭不可吝已。俭者，省奢，俭而不吝，可矣。”

“孙”是通假字，意为“逊”。孔子是古代的圣人，他的话有权威性。孔子认为，奢侈会让人觉得张扬、不谦逊，俭朴则会让人觉得寒酸，但与其让人觉得张扬、不谦逊，还不如让人觉得寒酸。一个人，如果养成了骄奢习气，即使有西周圣人周公那样的才华，也难有成就。在这种认识的基础上，《颜氏家训》进一步教育子孙：“积财千万，不如薄技在身。”

唐太宗李世民一生文治武功赫赫，彪炳史册，贵为九五之尊的他，虽富有天下，在教育皇族子弟时，也要求他们生活节俭。在著名的《诫皇族》中，他说：

“朕即位十三年矣，外绝游观之乐，内却声色之娱。汝等生于富贵，长自深宫。夫帝子亲王先须克己，每著一衣，则悯蚕妇；每餐一食，则念耕夫。至于听断之间，勿先恣其喜怒。朕每亲临庶政，岂敢惮于焦劳！汝等勿鄙人短，勿恃己长，乃可永久富贵，以保终吉。先贤有言：逆吾者是吾师，顺吾者是吾贼，不可不察也。”

唐太宗以自己的生活为例，现身说法，告诫皇族子弟，每穿一件衣服，都要想到养蚕妇人的辛苦；每吃一顿饭，都要想到种田农夫的艰难。他告诫说：“你们不要讥笑别人的短处，也不要因为自己比别人强就妄自尊大，只有这样才能永久保有富贵，一生吉祥。”

北宋时期的司马光是大文豪，并曾担任宰相，他对儿子司马康的教育非常严格，在亲自写的《训俭示康》中，结合自己的经历说道：

“吾本寒家，世以清白相承。吾性不喜华靡，自为乳儿，长者加以金银华美之服，辄羞赧弃去之。二十忝科名，闻喜宴独不戴花。同年曰：‘君赐不可违也。’乃簪一花。平生衣取蔽寒，食取充腹；亦不敢服垢弊以矫俗干名，但顺吾性而已。众人皆以奢靡为荣，吾心独以俭素为美。人皆嗤吾固陋，吾不以为病。应之曰‘与其不逊也宁固’；又曰‘以约失之者鲜矣’；又曰‘士志于道，而耻恶衣恶食者，未足与议也’。古人以俭为美德，今人乃以俭相诟病。嘻，异哉！”

司马光一生生活俭朴，在别人都以奢靡为荣时，他独以俭素为美，即使受到他人嘲笑，也不以为意，在他的观念中，俭朴生活是君子之道。

古人为什么要把“俭”作为家训的核心内容呢？这有多重原因：

一是俭能兴家。成由勤俭败由奢，历史上的许多家族都是靠勤俭兴家，曾国藩家族也不例外，事实上，“俭”是曾氏家族兴旺的重要原因。节俭不是在消费上吝啬，更不是要过苦行僧式生活，而是讲究量入为出，合理消费，不铺张浪费。这一点是古代持家、传家的关键，如果一个家族不能形成合理消费的家风，反而崇尚奢靡，这样的家族是很难长久的。另外，古代不像今天有多种理财方式可以选择，节俭是积累、扩大财富的最重要途径。古人俭朴是为了让财富日渐增多，而不是越来越少，否则，个人或家族生活将难以长久维持。

二是俭则寡欲。中国古人大都从寡欲、减少欲望的角度去看待修身问题，在他们的观念中，一个人如果欲望太多，则会被欲望牵着走，甚至沉迷在欲望中而不能自拔，这样的人必然把利益看得比道德重要，如是官员，则必然贪污受贿，如是普通老百姓，则必然会用不正当手段去发财。司马光说得很透彻："君子寡欲，则不役于物，可以直道而行；小人寡欲，则能谨身节用，远罪丰家。君子多欲则贪慕富贵，枉道速祸；小人多欲则多求妄用，败家丧身，是以居官必贿，居乡必盗。"

三是俭者敛也。奢是张扬，俭是收敛，张扬是致祸之由，收敛则是成功之道。《周易·否卦》认为，"君子以俭德辟难"。否卦是和泰卦相对的，处于泰卦时，人各方面都比较顺利，也容易取得成功，但在这种时候，要有忧患意识，要懂得收敛，否则，泰极否来，灾祸就会降临。对于成功人士来说，切不可取得一点成就后就觉得自己很牛，就行事张扬。这个道理很简单，但现实中很多人都做不到，现在新闻报道里名人吸毒、打人、违法事件层出不穷，就是忘了这个道理，不懂得收敛。

四是一种生活方式。儒释道三教都认为，简单、俭朴的生活既可以养生，又可以蓄德，一个人生活简单，就不会对外在的物质有太多欲望，就不会为外物所累，这样的人，其品德是很容易培养的。

二、曾国藩的俭朴生活

曾国藩的家庭是典型的中国式家庭，小时候四世同堂，四代人居住在一起，有规有矩，其乐融融。曾祖父曾竟希在曾国藩出生的时候已经68岁，孝友敦笃，生活节俭，很受当地人尊敬，对曾国藩非常喜爱，特别是见到曾国藩喜欢读书后，更是疼爱有加，老人在74岁的时候去世，当时也算高寿。曾国藩的出生和曾竟希做的梦联系在一起。

相传曾国藩出生那天，曾竟希做了一个奇怪的梦：梦见一条巨蟒，自空中蜿蜒而下，并围绕曾家宅子盘旋，久久不去，他正奇怪之时，巨蟒飞入庭中，蹲立起来，瞪着巨眼。这下把他吓醒了，醒来一看，天已经亮了，正当他想琢磨一下梦境的含义时，家人来报刚添了一个曾孙，他大喜过望，自言自语地说，看来刚才那个梦是祥瑞之梦，曾家要出一位大人物。

有一件事情可以和这个传说相印证。据李翰章、李鸿章兄弟主编，曾门四大弟子之一黎庶昌撰写的《曾国藩年谱》记载，曾国藩老宅后面有一棵古树，上面围满了藤，树愈枯，藤愈茂，直至矫若虬龙，枝叶苍翠，垂荫一亩。这一巨藤，像一条巨蟒，有不少人直呼其为巨蟒藤。这条藤和曾国藩的命运交织在一起，曾国藩的身上长满了蛇皮癣，年少时尚无多大问题，但35岁以后，愈发奇痒难忍，随着曾国藩的地位越来越高，官越当越大，巨蟒藤也越来越枝繁叶茂、迎风摇曳，而曾国藩的蛇皮癣也一天天地严重，越来越困扰他的工作和生活，晚年要专人来挠痒。不过，曾国藩去世后，巨蟒藤也很快就凋零、枯萎。

曾家祖先世代务农，崇尚勤俭治家。曾国藩回忆说："吾家累世以来，孝悌勤俭。（高祖父）辅臣公以上吾不及见，（曾祖父）竟希公、（祖父）星冈公皆未明即起，竟日无片刻暇逸。竟希公少时在陈氏宗祠读书，正月上学，辅臣公给钱一百，为零用之需，五月归时，仅用去一文，尚余九十九文还其父，其俭如此。"祖父曾玉屏当家时，家境逐渐好转，开始有余财供子弟读书，但也只是乡间的普通小康之家，生活依然要精打细算。

曾国藩进京参加过三次会试，最后一次才考取进士。为了准备他进京考试的费用，曾家很早就开始预备。从湖南到北京，大概要走两个月，一来一回就需要四个月，而一般进京赶考都要提前一段时间出发，以免路上遇到突发事件而耽误了考试，家里拿出了大半积蓄，为他准备了半年的费用，虽有余地，但也很紧张。曾国藩到京城后，住在湖南会馆，古时的会馆不像今天的驻京办是官方机构，而是由在京的同乡筹建，专门接待来京城考试的学子和来京办事的同籍官员，学子进京考试时很多都选择住在会馆，在人生地不熟之地，同乡之间可以相互照应，而且会馆的价格要便宜些。曾国藩第一次参加会试名落孙山，幸运的是，为了庆贺皇太后六十大寿，当时的道光皇帝特意在第二年春天增加一次考试，称为恩科，恩科录取的人数相对于正常的考试来说，要略少些，但毕竟是多了一次考试，对很多学子来说就多了一次机会。曾国藩知道消息后，就决定留在北京，等第二年考试完后再回老家。曾国藩生活异常节俭，家里给的钱除了必要的开支，基本都没花，这样硬是撑到了第二年的考试，可惜第二次也没有考上。

曾国藩在京居住的一年多时间里，刻苦读书，心中满怀抱负，立志有一番成就，然而当时参加考试的举人，大都只想着考中进士后好当官，没有什么远大志向。他这一年写的诗保存下来的仅有五首，后人编为《咏史五首》，我们选取其中两首来看。

（一）

莫民在辟怿，涣汗自古重。
人心有激宕，天意方项洞。
无辜或于罹，有罪复解纵。
九关森虎豹，阔越不可讼。
长星十丈余，白日堕霾雺。
翾飞逐醪彀，燕雀尔何哄！
嘉彼借剑子，愤切言绝痛。
葺槛示含容，谠说格不用。
噫乎天盖高，勿教家父诵。

（二）

虞舜明四目，世乃谓重瞳。
渊鱼察不详，举罾失蛟龙。
荏苒支大厦，焉知栋桡凶！
千金购国医，当在草泽中。
汪秦匿肘腋，宗李知无功。

开元变天宝，举世思姚崇。

生民有治乱，怅望风云空。

翾是低空飞行，醪是浊酒，毂是车轮的中心，在第一首诗中，曾国藩用只会低空飞行、追逐车轮上醪糟的燕雀比喻那些没有志向的人，说他们不要在自己身边闹哄哄了。在第二首诗中，意思更明显，也透露了他的理想是像历史上的名臣姚崇那样，为生民治理乱世，也成就一个像唐朝开元盛世那样的盛世。千金购国医，当在草泽中，他自比身在草泽的国医，希望朝廷能够发现他、重用他。

第二次考试失败后，曾国藩并没有太灰心丧气，虽然钱差不多花光了，但他还是选择到江南游学一番再回老家。路过徐州睢县的时候，已经囊中告罄，幸好打听到睢县的县令易作梅是湖南同乡，便去拜访他，顺便借点盘缠，易作梅见到这个年轻的同乡，一番了解后，生出好感，非常大方地借给曾国藩一百两银子。易作梅虽然是县令，但每年的俸禄只有 40 两银子，一百两对他来说也不是小数目，足见其对曾国藩的器重。曾国藩拿到钱后，继续开始游学回家的路，但在经过南京的时候，在书摊上看中了一套《二十三史》，一见之下就爱不释手，但书商要价一百两，且不还价，曾国藩犹豫了好久，还是决定买下来，因为易作梅借的一百两已经花掉了一些，而自己身边值钱的东西只有冬天的棉衣，便在附近当铺当掉了衣服，凑齐了一百两，剩下的钱寥寥无几，勉强够回老家。到家后，一年多没见，父母很高兴，但发现儿子身上不但钱没了，冬天的衣服也没了，便问他原因何在，曾国藩老老实实交待了自己借钱、卖衣服买书的事情，父亲听后，长出了一口气，只要路上不是遇到盗匪就好，对于曾国藩借的那一百两银子，他只是轻声地说：

“尔借钱买书，吾不惜为汝弥缝，但能悉心读之，斯不负耳。”

这是伟大的父爱。曾国藩听后大为感动，以后不管到哪里，这套《二十三史》一直带在身边，并规定自己每天都要至少读十页，在他的修身十二课中，他说这样做是为了完成对父亲的承诺。不过，为了还完一百两银子的债，曾家勒紧腰带，过了两年苦日子。

第三次参加会试时，曾家实在拿不出路费来，最后靠向亲戚朋友借钱，才勉强凑够了三十二贯钱。曾家的亲戚也大都是穷亲戚，不少亲戚为了凑钱给他，就把家里东西卖了，例如，亲戚丹阁叔把牛卖了，资助八贯钱。这些钱相对第一次进京考试时少了很多，野史记载，曾国藩到京时，兜里只剩下几贯钱。幸好他这一次考上了，要不然曾家以后还能不能凑够进京的路费都难说。古代就有不少人，因为参加几次科举考试，不但没有考上，而且花光了钱，家徒四壁，有自尊心强的考生，觉得没脸回家，便常年在外漂泊，借钱考试，冀望一朝衣锦还乡，但他们不能理解老家父母妻儿的思念之心，有的人若干年回家后，家中已经物是人非！

考上进士后，曾国藩在京做官，由低级官员做起。不过，作为一个外地来的官员，家里又不富裕，曾国藩马上就面临和今天在北京生活一样的问题：房子怎么解决？买不起房子，只能租房，曾国藩的租房经历也是很心酸，他不是一个人进京，身边还跟着用人，而且要维持官员的体面，所以不能像我们现在租房一样，一个人的话，不但可以和别人合租，甚至可以租地下室，或只租一张床位，随便对付一下。

从曾国藩的日记来看，道光二十年二月初一，他刚到北京的时候，租了南横街千佛庵内的四间房住，每月要交四千文的房租。寺庙的房子虽然便宜，但也不是免费，否则早就挤满了人。但一个新科进士、朝廷命官不可能长久住在寺庙，两个月后，也即四月初一，他就搬到圆明园挂甲屯，和几个同年一起临时住在一起，四月十八日，再次搬到离皇宫较近的内城居住。稍微安顿下来后，曾国藩就大病一场，不久又搬到果子巷和欧阳小岑同住，欧阳小岑略懂医术，且是同乡，这期间他主动照顾曾国藩起居饮食。三个月之后，病还没有好转，便临时搬到达子营关帝庙里面，静心休养。

老家父母知道后，立即安排曾国藩的老婆欧阳氏进京，既能一家人生活在一起，又便于照顾他。家人来了后，肯定要有地方住，曾国藩便决定租一个好点的房子，十二月十三日，他在琉璃厂相中了一套房子，恰好房子的邻居蒋君他认识，一聊之下发现，这房子里面曾经死过人，某部官员狄听的夫人王恭人在此殉节而亡，尽管殉节是忠孝之举，但毕竟也不是什么好事，加之房子租金不便宜，便没有租，后来在棉花六条胡同租了一套房子，交了两个月的房租当订金。

曾国藩在北京当了近14年的京官，但都是租房住，一直没有买房。在京生活期间，他的工资不高，但开支却不小，不但要担负北京家中一家人的日常生活、读书用品、社交开支，还要经常寄钱回老家，所以常常是入不敷出，靠借钱度日。遇到朝廷安排他出京主持考试时，得到一些地方的礼金，日子能好过些，要是没有这类任务，只靠每月的死工资，就更捉襟见肘。他在家书中会提到自己在北京的生活状况，如："今年我在京用度较大，借账不少。""丁戊二年不考差，男恐无钱寄回。""男在京事事省俭，偶值阙乏之时，尚有朋友可以通挪。"

曾国藩在生活上一直保持俭朴的习惯，即使是后来当了湘军统帅、两江总督，也没有改变。他常年穿布衣布袜，三十岁时曾做过一件天青缎马褂，只有遇到喜事或新年才拿出来穿，三十年后衣服仍是新的。吃饭方面以青菜、豆腐为主，只在客人来的时候稍加荤菜。

曾国藩爱吃腌菜，老家人来京也都会带上家里做的腌菜。他曾针对腌菜写过一首诗，提倡节俭，反对烦琐的生活。

琐琐行戏简

——何子敬乞腌菜

琐琐复琐琐，谋道谋食无一可。大人夭娇如神龙，细人局蜷如蜾蠃。皇皇百计营齑盐，世间龌龊谁似我？既不学虎头食肉飞将军，又不能驼峰犀箸醉红裙；长将野蔬说奇错，春笋秋芋评纷纷（吾乡芋最美）；拙妻嘲讪婢子笑，可怜先生了不闻；苦思乡国千里月，梦想床头一瓮云；君家腌菜天下知，忍不乞我赈朝饥？丈夫岂当判畛域，仁者况可怀鄙私！炯炯予心天所许，堂堂此理君莫疑；忽忆条侯理入口，黄头铜山竟僵揞；功高七国安如山，钱布九州浩如薮；当时鼎烹会亲宾，后日饥肠作牛吼；今我与子俱不材，怀抱倾筐倒箧开；取与廉惠两无猜，青天白日森昭回，不醉不饱胡为哉？

何子敬是在京城为官时的朋友。曾国藩日记记载，道光二十二年十月，何子敬过生日，在家办家宴，没有邀请外人参加，曾国藩主动去了，事后他非常自责：“走何子敬处，渠生辰，明知尽可不去，而心一散漫，便有世俗周旋的意思，又有姑且随流的意思。总是立志不坚，不能斩断葛根，截然由义，故一引便放逸了。”曾国藩总在家吃腌菜，朋友间都传开了，何子敬觉得曾家腌菜味道不错，便讨要一些，曾国藩于是写了这首诗。在诗中，曾国藩回忆起老家春笋秋芋的味道，每当思念千里外的家乡时，床头的一坛腌菜看起来就格外亲切。曾国藩赋予了腌菜很多意义，例如腌菜代表简朴的生活方式，这正印了君子谋道不谋食的作为。针对别人嘲笑他爱吃腌菜，他认为只有普通老百姓才天天计较柴米油盐，作为君子的他是不会把心思放在吃的上面，而那些富贵人物生活奢靡，别看他们今天过得很风光，说不定哪天就要受冻挨饥。

曾国藩生活在一个动乱时代，当时清政府内有太平天国、捻军等农民起义，外有西方列强的冲击，可谓内忧外患。这养成了他独特的财富观。同治五年七月初六日，他在家信中说：

“余意吾兄弟处此时事，居此重名，总以钱少财薄为妙。一则平日免于觊觎，仓猝免于抢掠，二则子弟略见窘状，不至一味奢侈。”

曾国藩多次说过，“处此乱世，愈穷愈好”，既可以免灾，又可以逼迫子弟学习一定的生存技能。这是智慧之言，曾国藩的老家经过多次战争，但他们家没有像其他大户人家一样遭盗匪抢劫，即使后来日本人入侵、国共内战，子弟流散四方，也没有落魄潦倒，反而在各自的领域都有一定成就。

曾国藩去世之后，曾家断绝了最重要的收入来源，生活一直不宽裕。据张宏杰考证，曾国藩死后第五年，其子曾纪鸿因家人病重，缺钱医治，不得不托左宗棠向远在新疆的刘锦棠借钱。左宗棠知道这个情景之后，十分感动，送了他三百两银子，过后还写信告诉自己的儿子说：“以中兴元老之子，而不免饥困，可以见文正之清节足为后世法矣。”

三、爱惜物力，不失寒士家风

曾国藩一直以勤俭教育子弟，他认为：

“家俭则兴，人勤则健；能勤能俭，永不贫贱。”

“不论大家小家，仕农工商，勤苦守约，没有不兴旺；骄奢倦怠，未有不败。”

曾国藩在家中排行老大，由于常年不在家，家事由四弟曾国潢主持。不过，他没有放下对家庭的责任，特别是教育家中子弟的责任。很早的时候，曾国藩就写信给四弟，反复叮嘱他在家里好好帮助父亲、叔父管理家事，时时不离祖父左右，并希望他在细心料理家事时，能督促家族子弟用功读书。他反复告诫曾国潢应当以身作则，为子侄树立榜样：“我家将来气象之兴衰，全系乎四弟一人之身。”后来，在与四弟的通信中，他说得最多的是勤俭，常劝他要以勤俭教导家中子弟，不可以奢为尚，漫无节制。

“弟为余照料家事，总以俭字为主，情意宜厚，用度宜俭，此居家乡之要诀也。”

不过，曾国潢并没有完全按照曾国藩的意思做，特别是在个人生活方面，他和九弟曾国荃都比较奢侈。对此，曾国藩多次劝诫说，要做到上不愧对先人，下不愧对子孙，唯有以勤俭教育家中子弟。

“余欲上不愧先人，下不愧子弟，惟以力教家中勤俭为主。余于俭字做到六七分，勤字则尚无五分工夫。弟与沅弟于勤字做到六七分，俭字则尚欠工夫。以后勉其所长、各戒其所短；弟每用一钱，均须三思。至嘱！”

“吾兄弟欲为先人留遗泽，为后人惜余福，除去勤俭二字，别无做法。弟与沅弟能勤而不能俭，余微俭而不甚俭；子侄看大眼，吃大口，后来恐难挽，弟须时时留心。”

俭的核心是做好理财，要求合理消费，量入为出，留有余钱，以备不时之需。道光二十五年正月，老家来信说，今年打算买位于竹山湾的田，还要给弟弟捐监生。曾国藩在回信中说，这两件事如果都办到，家中的钱恐怕就要花得差不多了，老家去年总共有500金的收入，希望能留下200金，以备不时之需。在另外的信中，他说，由俭入奢，就像下到水里那么容易，而由奢返俭，则像登天那么难。以后弟弟们居家，要学习理财方法，每个月把要花的钱提前计划好，固定一个数，只许盈余，不许亏欠，这样一来，奢侈的生活习惯必定能够改正。

曾国藩在京为官时，收入不多，但经常把其中的大部分寄回老家，后来他成为湘军统帅、两江总督，统领东南数省，掌管湘军乃至东南数省财政，每天从其手上批出的钱不知凡几，但这时他反而很少给家里寄钱，而且每次寄的数量都非常少，迥异于在京时的做法。曾国藩这么做是有考虑的。同治二年正月十四日，他在家信中说：

“吾不欲多寄银物至家，总恐老辈失之奢，后辈失之骄，未有钱多而子弟不骄者也。”

曾国藩考上进士后，老家建了新房子，盖了新祠堂，尽显官宦之家气象。曾国藩知道后，劝家中不要太过于追求房屋的规模和气派。曾氏兄弟都在军中带兵打仗，九弟曾国荃每攻克一城，都会回家一趟，旁人认为是把缴获的金银财物运回老家。几个弟弟后来都从老屋中搬出来，盖了气派的房子，尤其是曾国荃的房子规模远超祖屋，曾国藩知道后劝告说：“九弟有功于国，有功于家，千好万好，但规模太大，手笔大廓，将来难乎为继。”几个弟弟在盖新房子时，顺便把曾国藩住的老屋也修缮了一番，花费三千贯钱。曾国藩听说后，对花了这么多钱感到很生气，他在写给弟弟的信中书，“新屋搬进容易搬出难，吾此生誓不住新屋”。此后，终其一生，未进新屋一步，病故时仍在两江总督的旧住所。

在劝诫子弟们保持节俭的同时，也要求养成寒士之风。曾国藩对于家族传承有自己的理解，他通过对历史的研究发现，大凡传承久远的家族都是耕读孝友之家，而官宦之家、富商之家，一般都富不过三代，有的一代便衰落了。其中重要原因在于，耕读孝友之家生活俭朴，为人处世收敛低调，而官宦富商之家，一般生活奢靡，子弟难免行事骄横。有一次，小儿子曾纪鸿来军营看他，小住一段时间后，就从军营返回家中，曾国藩特意在家信中叮嘱四弟说：

“甲三（曾纪鸿）十月初六之武穴，此时计将抵家。余在外无他虑，总怕子侄习于骄奢佚三字，家败离不得个奢字，人败离不得个佚字，讨人谦离不得个骄字。弟切戒之！”

曾国藩在曾家发达起来后，希望曾家的后人保持寒士之风，在吃穿用度和为人处世上，向寒门弟子看齐，而不要染上官宦子弟的习气。九弟曾国荃在几个弟弟中最像曾国藩，但和大哥俭朴生活不同，曾国荃的生活非常奢靡，曾国藩在同治元年写给九弟的信中说，“我以前写过一副对联给你，其中有两句是俭以养廉、直而能忍，即俭朴可成廉洁，耿直却能忍耐。你的耿直，人人都知道，但你的忍耐力，只有哥哥我独知。你在廉洁上的表现，人人都预料到了，但你生活不俭朴，我却没有预料到，希望你以后在俭字上下一番功夫，下一番苦心，不仅家庭日常用度要俭，平时的人情来往、修建房屋也要节俭”。最后他说：

“总之爱惜物力，不失寒士之家风而已，吾弟以为然否？”

在给长子曾纪泽的一封信中，他说：“勤俭自持，习劳习苦，可以处乐，可以处约，此君子也。余服官三十年，不敢稍染官宦气习，饮食起居，尚守寒素家风，极俭可也，略丰亦可，大丰则我不敢也。”他告诫儿子说，大凡仕宦之家，由俭入奢易，由奢返俭难，“你年纪还小，切不可贪爱奢华，不可习惯懒惰”。

曾国藩在教育子女方面，很重视自己一言一行对孩子的影响，凡事都亲自做表率，要求孩子做到的，自己首先要做到。在吃饭遇到饭里有谷时，他从来不吐掉，而是用牙齿把谷剥开，把谷里的米吃了，再把谷壳吐掉。

曾国藩在家书中告诫女儿：“衣服不宜多制，尤其不宜大镶大缘，过于绚烂。”小女儿曾纪芬出生的时候，曾国藩已经是礼部侍郎兼任吏部左侍郎，朝廷重臣，理应生下来就是锦衣玉食，但曾纪芬从未享受过贵族小姐的奢侈富贵，穿的衣服也都是姐姐们留下的。曾纪芬后来回忆说，有一次全家去南京，曾纪芬穿了一条缀青花边的黄绸裤，还是她已去世嫂子贺氏留下的。但曾国藩看见后，就认为又不是节日，平时穿这样的衣服有奢靡之气，让她赶紧换掉。曾纪芬连忙去换了一条由嫂嫂留给三姐，之后又转给她的旧裤子。

曾国藩规定，每个女儿出嫁，嫁妆不得超过200两银子。曾纪芬是最小的女儿，出嫁时父母都已经去世，她的嫁妆除了200两外，还有父母去世时留给她的一些钱，总共不到三千两，就这样，她还在自订的年谱中说："嫁妆之丰，远远超过几位姐姐，有愧于父亲的教导。"曾国藩希望她以后成为一个勤俭持家的家庭主妇，而实际上她做得要更好。

台湾大学外文系教授张心漪是曾纪芬的外孙女、台湾前"财政部长"费骅的夫人，她在回忆文章《我的外婆》中写道："外婆从不穿戴华服，房里也没有任何摆设。一张腰子形的书桌，上面放着圣经、眼镜、镇纸、笔砚。有一个贝壳碟子，里面放几条茉莉花，一张藤椅，上面放个花布靠垫。她每日就在这里读经看报，练习书法……衣服也永远是蓝袄黑裙，缎帽锻鞋，饰物则有一根翡翠扁簪，一颗帽花，一副珠环，一只手表。几乎从无变化。"

四、极简主义生活方式

中国古代有追求简单生活的传统，古人早就意识到物质的多寡和个人幸福关系不大，且不是人所必须。《庄子·逍遥游》说："鷦鷯巢于深林，不过一枝；偃鼠饮河，不过满腹。"《增广贤文》说："良田千倾，日餐不过一斛；华屋万间，夜卧不过五尺。"在中国古人那里，简单生活的核心是简化欲望，通过简化欲望，来进一步达到养心养生的目的。老子说，"大道至简"；孟子说，"养心在于寡欲"；诸葛亮《诫子书》中说，"非淡泊无以明志，非宁静无以致远"；颜回的生活是，"一箪食，一瓢饮，在陋巷，人不堪其忧，回也不改其乐"，都是此类。

曾国藩保持一种简单的生活，不但在吃穿上俭朴，而且认为这种"俭"

是“简”，在《琐琐行戏简——何子敬乞腌菜》一诗中，他就认为，奢靡的生活是烦琐的，而俭朴的生活却十分简洁。曾国藩的日常生活很简单，有章可循，每天天不亮就起床，随后看书练字，白天忙于政务军务，饭后慢走三千步，晚上不出门，一般都在家里看书，直到很晚才睡，睡前会洗脚。这一套生活他坚持了几十年。

曾国藩的生活类似于现代的极简主义。现代社会是信息社会和消费主义时代,面临纷繁复杂的信息和琳琅满目的商品,越来越多人开始反其道而行之,选择化繁为简，追求极简主义生活方式。

极简主义生活起源于西方的基督教，和早期教徒的生活方式有关，这些教徒们反对铺张浪费，主张简单朴素，在对教堂的设计上，大都简单肃穆，少用装饰。在自身生活上，对日常用品要求不多，且会细心保养，使用多年。通过这样的生活，教徒们得以集中精力从事宗教活动。宗教徒的生活是农耕时代的产物，那时物质匮乏，可以通过节俭来积累财富。而现代社会，通过大规模的工业生产，人类的物质极大丰富，出现了消费时代，但在经历了一次又一次的消费主义的狂潮后，人们所感受到的快乐和幸福却并没有增多。因此，一些人开始主张抛弃平日精致繁复的生活方式，回归简约朴素的生活状态。他们强调在对自身深入认识的基础上，了解什么对自己最重要，然后用有限的时间和精力，去专注追求，排除不必要的干扰，从而获得最大幸福。在生活上，放弃不能带来效用的物品，不做无效社交，穿着简洁、不花哨，简单生活。

现代推崇极简主义生活方式，最有名的当属已故苹果公司创始人史蒂夫·乔布斯。乔布斯 1955 年 2 月 24 日生于美国加利福尼亚州旧金山，生母乔安娜未婚先孕，迫于舆论压力将儿子送给在激光仪器厂里当工人的保罗·乔布斯和妻子克拉拉。

乔布斯生活在美国“硅谷”附近，邻居都是惠普公司职员，在这些人的影响下，乔布斯从小迷恋电子学。一个惠普的工程师看他如此痴迷，就推荐他参加惠普公司的“发现者俱乐部”，这是专门为年轻工程师举办的聚会，每星期二晚上在公司的餐厅中举行。在一次聚会中，乔布斯第一次见到电脑，他开始对计算机有一个朦胧的认识。

19 岁那年，乔布斯只念了一学期就因为经济因素休学，成为雅达利电视游戏机公司的一名职员。1976 年 4 月 1 日，乔布斯决定成立一家电脑公司，把公司命名为苹果公司，公司自制电脑则被追认为“苹果Ⅰ号”电脑。1976 年 10 月，公司获得了 69 万美元贷款。在乔布斯的领导下，“苹果”公司的发展速度非常快，很快成为美国，乃至世界知名的公司。2007 年 6 月 29 日，苹果公司推出 iPhone 手机，在全球引起了极大的疯狂和销售热潮。2011 年 8 月 24 日，迫于胰腺癌，乔布斯向董事会提交辞职申请。2011 年 10 月 6 日，乔布斯逝世，终年 56 岁。

乔布斯的一生虽然时间不是很长，但却极为辉煌伟大。他一生经历过贫苦，也成为了亿万富翁，但不管[illegible]地位，其个人生活方式都非常简单。《乔布斯传》的作者认为：“从乔布斯身上看到，确实在他眼里钱是身外之物，什么样的生活他都经历过，从苦行僧到亿万富豪，但他的生活一直坚持极简风格，像他如此地位的人身边没有半个保镖并且他认为雇保镖是件不可思议的事。”百事可乐前 CEO 斯卡利后来出任苹果公司 CEO，他曾经到过乔布斯的家，看到“屋里只有一张爱因斯坦的照片、一盏 Tiffany 桌灯、一把椅子和一张床。几乎没有什么家具，但仅有的几项都是谨慎的选择”。

乔布斯的生活个性延伸到苹果公司的产品上，今天我们看到的苹果手机、电脑大都流线简洁、大方。史卡利强调：“乔布斯喜欢拿掉东西，简化复杂，不是简单，而是简化。很多公司搞混了两者，推出的是简单无聊的产品，结果像超市里放了太久的蔬菜，没有人想要走近去看去买。简单的产品跟乔布斯简化的产品，卖相不同，结果也不同。”

第五章

家风五：敬

敬是古人的立身之道，也是修身之方。曾国藩以敬修身，他天赋不高，但在为学、为政、治军中都秉持一个敬字，到晚年，对敬的体悟越来越深，在写给子女的遗嘱中，还详细总结了前人对敬修的看法。此外，他认为“主敬则身强”，一个人如果保持精神专一、恭敬严肃的态度，身体会强壮起来，相反，如果平时杂念很多，又比较懒惰，身体就会逐渐衰弱。

在汉语中，“敬”的含义有很多，可以是为人的态度，如恭敬、尊敬；也可以是处事、工作的态度，如敬岗、敬业、敬事；还可以是一个道德目标，敬本身就是一个道德词汇；另外，敬还是一种修养方法，一种提升个人涵养和气质风度的方法，而作为方法的敬，则是古人的立身之道，只要时时注重修炼，就能在为人处事上避免出格的言行，养成完美人格，甚至达到不越礼、不逾矩的人生境界。

一、敬是古人的立身之道

“敬”是古代汉语中的重要概念，从先秦时开始，中国人就非常重视“敬”，并将其作为立身之道。

为善之端无尽，只讲一让字，便人人可行；

立身之道何穷，只得一敬字，便事事皆整。

这是《围炉夜话》中的名句，可谓道出为善立身的关键。《围炉夜话》的作者王永彬，生于乾隆五十六年（公元 1792 年），一生经历了乾隆、嘉庆、道光、咸丰、同治五个皇帝。《围炉夜话》自面世以来，一直盛传不衰，成为人们案头的必备之书，与洪应明写的《菜根谭》、陈继儒写的《小窗幽记》并称“处世三大奇书”。

曾国藩年纪比王永彬略小，但基本上是同一个时代的人。曾国藩把敬字看得和勤字一样重要，把它们作为立身、治家的关键，他告诫子弟：

“凡一家之中，勤敬二字能守得几分，未有不兴；若全无一分，未有不败。”

“一身能勤能敬，虽愚人亦有贤智风味。”

在曾国藩看来，一个家庭如果能够保持勤勉的家风，并且能够敬人、敬事的话，那么这个家庭没有不兴旺的。

儒家圣人孔子时常以敬来教导子弟。君子是有德行的人，也是一种理想人格，是古人追求的目标。孔子有三千弟子，其中七十二个比较优秀，老师经常教导学生要学为君子、勿为小人，有一天，得意弟子子路问老师，怎么样才能成为君子呢？孔子回答要以“敬”来进行修炼。

子路问君子。

子曰：“修己以敬”。

这里的“敬”是敬意，就是要时刻保持敬意，要小心谨慎。例如，在人际交往中，“敬”就是要对他人保持尊敬，相敬如宾，不能在言语上、行为上侮辱他人；在祭祀活动中，要保持庄严、肃穆的态度，不能有轻浮的举止；在工作中，要小心谨慎，战战兢兢，如临深渊、如履薄冰，要认真、敬业。如果一个人在以上三种情况中，都没有保持敬意和谨慎，而是轻浮、肤浅，这样的人不可能是君子。

宋代大儒朱熹为古代的大学和小学教育制定了规范。在朱熹看来，大学教育主要培养一个人的品行和学问的态度，培养一种对天下生民的责任感，他把大学教育主要归纳为五个方面：博学、审问、慎思、明辨、笃行。而在小学教育方面，他认为，孩子上私塾之前，就应参与家里的家务，通过洒水、扫地等事情，来培养孩子的专注力和认真的做事态度，这种专注力和态度就是“敬”。

敬是立身之根本，不敬无以为君子，在应该保持敬意的事物中，首先应对自己的身体保持敬意，要懂得爱惜自己的身体。在古人的观念中，身体是父母给予的，爱惜自己的身体就是孝。朱熹和弟子共同编写的《小学》一书，其中一篇的题目就叫《敬身》。

“君子无不敬也，敬身为大。身也者亲之枝也，敢不敬与？”

朱熹编辑的大学与小学教材是封建时代的官定教材，通行于元、明、清三朝，直到今天，依然有很高的价值，依然是我们学习古代文化知识和思想观念的必读书、入门书。

从传统反思现在，敬字在今天还有很大价值，但我们正在逐渐丢弃它。就拿敬身来说，现在的人几乎没有这一观念，他们认为身体虽然是父母生下来的，但父母生下来之后，就完全属于自己，自己可以自由支配。也正是缺少了这一层深厚的敬意和约束，现在残害身体的现象越来越多，自杀的也越来越多。

古代教育是德育和智育并重，且德育教育要早于智育教育，而目前中国的教育体制则是重视知识教育、轻视道德教育，虽然很多年以前就提出了“德、智、体、美、劳”共同发展的口号，但在学校的教学实践中，知识教育要远远重于其他的教育。除了学校，家长也是偏重孩子的知识教育，从小就把孩子能识几个字、背几首唐诗、做几道算术题作为考核孩子学习的标准，在正常的学校教育之外，还要给孩子报各类学习班、辅导班、训练班。

不能说知识教育不重要，事实上，21世纪是知识的世纪，未来掌握知识的多寡将是决定竞争的重要因素，但知识只是个人成长的一方面，且相对知识来说，能否具有一个健康强大的心灵，对个人的成长更为重要。知识不够，在人生的道路上可以再学习、再充实，心灵不够健康、不够强大，遇到挫折，就可能一蹶不振，甚至走入极端，做出过激行为。最近几年以来，越来越多的大学生自杀事件，一次又一次警示人们心灵教育的重要性。

现代的教育体系，误认为学历、知识是立身之本，因此，拼命地给孩子灌输各种知识，而忽视了道德教育。这些年，因为犯罪而入狱的学生也越来越多，前几年的复旦投毒事件、马加爵事件，无一不警示我们，该是反思教育体制的时候了。

二、提升涵养须用敬

涵养指修养，也指风度和气质，一个涵养好的人，给人的感觉一定是有风度、有气质。很多人可能认为，有涵养的人必定读过书，受过良好的教育，曾经去很多地方旅游，还掌握几门外语。当然，具备了这些条件有可能成为一个有涵养的人，但不具备这些条件，仍然可以成为一个内心深处有涵养的人。

俄罗斯文学家德·利哈乔夫认为，涵养其实是善于理解、善于接受的能力，是对世界、对其他人保持容忍的态度。

“一个真正有涵养的人，倘若完全丧失了记忆，比如说，他忘记了世界上的一切，再也记不住那些经典作家，记不得那些伟大的艺术作品，忘记了最重大的历史事件，但与此同时，他在潜意识里还保存着某种程度的反应能力，比如见到有价值的文物或艺术品，会由衷地喜欢，仍然有审美的愉悦感，他还能够区分什么是真正的艺术作品，什么是哗众取宠的粗俗‘玩意儿’，面对大自然的美丽风光，他会情不自禁地给予赞叹，他能够理解另一个人与众不同的性格，设身处地为那个人着想，了解那个人，帮助那个人，而不是流露出粗鲁、冷淡、兴灾乐祸或嫉恨，对另外一个人做出应有的评价。所有这些都意味着，他依然是一个有涵养的人……涵养不仅仅在于知识，而在于理解别人的能力。涵养表现在数不胜数的生活细节当中：争论时善于尊重对方，就餐时举止温和，善于不动声色地帮助别人（不动声色就是绝不张扬），爱惜自然环境，不在自己的四周造成污染——不随手乱扔垃圾，不说粗俗的话，心里没有肮脏的念头（因为粗俗的语言和肮脏念头同样是垃圾，而且是污染力更强的垃圾）！”①

西方人的涵养更多指风度和气质，和中国人的涵养还不一样，中国人除此之外，还更重视品行。

应该如何提升自己的涵养呢？德·利哈乔夫没有给出具体的方法，只是认为要不断锤炼自己的接受能力和忍耐力。相对来说，中国哲学家的方法则更为简单而明确，《易经》认为，“敬以直内，义以方外”，宋代理学家程颐提出，“敬”是提升个人涵养的方法。

涵养须用敬。

提升涵养的方法，就是要时刻保持敬意，时刻保持认真的态度。从幼儿时代开始，就在日常生活中、在待人接物中时刻保持对人对事的敬意，时间一长，就会成为自身的行为方式和思想方式，而这种方式一旦形成，以后无论遇到什么人和事，都会以高度认真的态度去处理。

程颐“敬”的修养方法有两个层次：

---

①［俄］德·利哈乔夫，谷羽译，《人应该有涵养》，《世界文学》2007年第3期。

第一是保持对人对事的敬意。这其实是一种外在的态度，通过养成良好的态度来规范自身的视听言动，从而行事不会失当。这既是基本的要求，也是今天我们追求的目标。我们都愿意做一个行为举止得当，有涵养、有风度气质的人。

第二是“诚”的心理。古人讲“主敬存诚”，就是说要养成敬的态度，必须内心真诚，既要诚于人和事，更要对自己真诚，只有做到真诚地对待自己的内心，才能保持对人和事的真诚，只有诚于己，才能诚于人。有些人平时不注重涵养的培养，遇到事情时就刻意去保持敬意，如在与人交往中刻意保持对他人的恭敬，但这种刻意的态度不是来自内心真诚，因此是很难长久坚持的，并且因为不是内心的真实心理，外在态度表现得再好也难免会露出真实的一面。

涵养和外在的法律法规、道德规范有关。一个有涵养的人必定是遵纪守法、严守道德规范的人，他的内心对法律法规、道德规范始终保持敬意，并谨慎对待自己的言行。这样的人不会做违背礼节的事情，他会非礼勿视、非礼勿言、非礼勿听、非礼勿动。在和竞争对手的关系上，他败，会拿得起放得下，不会不认输死硬到底；他胜，不会盛气凌人，落井下石，嘲讽对手。

司马光、王安石和程颐都是北宋时的人，程颐是大学者，司马光、王安石则是亦文亦官，既在文化上有很高成就，也都曾官至宰相，特别是王安石推行的变法，更是以其深刻教训而影响久远。司马光、王安石都是谦谦君子，人品涵养俱为当时一流，但他们的政见截然不同，一个主张变法，一个反对变法。熙宁二年，宋神宗任命王安石为宰相，开始推行变法，熙宁四年，司马光因为和变法派主张不一样，上书请求调离京城，这让宋神宗有点不高兴。当皇上问王安石怎么看司马光时，王安石并没有刻意贬低，反而对司马光大加赞赏，并称他为“国之栋梁”，在听了王安石的意见后，宋神宗同意了司马光的请求。正因为有王安石的评价，司马光离开京城后，才有比较自由宽松的环境，此后，他潜心研究 15 年，著成了《资治通鉴》这一历史巨著。

王安石因强力推行改革，触犯了利益集团的利益，招致强烈反弹，且引发了党争，变法不足一年，拥护者与反对者两派就展开了激烈的论辩及斗争。熙宁七年，天下大旱，饥民流离失所，慈圣和宣仁两位太后向宋神宗哭诉称“王安石乱天下”。宋神宗对变法也产生了怀疑，便罢免了王安石的宰相职务。王安石后来还短暂恢复过宰相职务，但不再有什么作为。

宋神宗去世后，年仅9岁的宋哲宗即位，由宋神宗母亲、宣仁太皇太后高氏垂帘听政，67岁的司马光被任命为宰相，司马光提出“以母改子”，全面废除新法，史称“元祐更化”。因为喜欢王安石的宋神宗已去世，很多官员都来弹劾王安石，请求治王安石的罪。太皇太后也对如何处置王安石大费脑筋，便征求司马光的意见。司马光回答说，王安石嫉恶如仇，胸怀坦荡，忠心耿耿，有古君子之风。正是因为司马光的话，王安石才没有入狱，得以返回老家，安享晚年。

王安石和司马光虽然政见不同，但都在内心保持了对彼此的敬意，他们遵循自身的道德操守，不愧是君子！他们的事迹也成为美谈。

朱熹的年代要晚于程颐，但继承了程颐的思想，对“敬”大加肯定，

“程先生所以有功于后学者，最是‘敬’之一字有力。”

“‘敬’之一字，真圣门之纲领，存养之要法。”

他在“涵养须用敬”的基础上，提出：

居敬涵养。

“居敬”语出《论语·雍也》“居敬而行简”，居是居住的意思，居敬的意思是在日常生活方面都要秉持敬意，也就是在日常生活的方方面面都要有认真负责的态度。朱熹把“居敬”分为四个方面，值得我们借鉴。

第一，收敛身心。要求收敛身心，不使其放纵或散逸。朱熹说：“只收敛身心，整齐纯一，不恁地放纵，便是敬。”收敛是所有修炼方法的关键，也是入门的必备要求，如果一个人不懂得收敛身心，或者身心收敛不住，那么后面的过程也就不用学了。收敛的方法有很多，比如静坐，通过静坐让自己浮躁的心平静、外放的心回归。

第二，保持敬的状态。身心收敛后，要保持敬意，这里没有特定对象，

而是要求时时保持在敬的状态。这种状态也是一种认真、谨慎的状态。《易经》说："君子终日乾乾，夕若惕。"就是这种状态。

第三，保持内心专一。相对于前面的收敛身心来说，这里要求更高，身心收敛回来后，要求思虑不乱，并集中在一个方面。前面敬的状态因为没有特定对象，所以还可能思虑活跃、各种杂念纷呈。

第四，整齐严肃。前面是身心修炼，这是在日常生活中保持行为的端庄肃穆。

以上四个方面要长期修炼才能体会到其中的妙意。从朱熹的方法来看，一个有涵养的人肯定不是偏狭肤浅的人，反而是一个深沉厚重的人，这种涵养必然会表现在人的外在气象上。曾国藩认为：

"促迫褊窄，浅率浮躁，非有德之气象，只观其气象，便知涵养之浅深。"

中国古人喜欢以气象观人、以气象来评品人，并形成了"气象观人法"。这种方法最主要的特点就是通过观摩人物的言行事迹、举止神态等具体形象，去展现或体认其内在德行气质状况。曾国藩一生阅人无数，有一套识人方法，他观人首先观气象，通过气象就可了解一个人的涵养，并据此来选人用人。

三、做事敬慎无所苟

做事敬慎指做事认真、谨慎，无所苟指不马虎，不投机取巧，弄虚作假。秉持这样的态度，事情没有做不好的。

曾国藩天赋不高，但他为学、为政、治军都秉持一个"敬"字，踏踏实实，肯下苦功夫。在为学方面，他给自己订立了十二个课程，规定早上天不亮就起床读书、练字，晚上至少看十页书，睡觉前写日记，记下当天的不足。尽管每天都睡得很晚，却很少感觉到疲倦，反而从中体会到了无穷乐趣，他说人生有三乐，其中一乐就是"勤劳而后憩息"。在为政、治军方面，认真负责严谨，处理事情要求眼到、手到、身到、心到、口到，如公文来往，不但要寄正式文件，还要口头通知，以免对方没有及时收到而有所耽误。也正是有了这样的态度，才让天赋不高的曾国藩，做出了别人做不到的事情。

曾国藩做事非常谨慎。咸丰十年，江南大营崩溃，时任两江总督何桂清，临阵逃脱。在新任两江总督的人选上，咸丰皇帝本属意时任湖北巡抚胡林翼，而曾国藩则接任湖北巡抚，当时的满清大臣肃顺知道后，极力推荐曾国藩任两江总督，他对皇帝说：“咸丰四年，您就曾任命曾国藩为湖北巡抚，但是没几天又收回任命，曾国藩肯定心有不悦，这次又让他担任这一职务，就会显得朝廷恩德不够重，还不如直接让他做两江总督，且胡曾两人相交甚好，胡林翼应会全力配合。”咸丰皇帝内心对曾国藩一直有成见，但这次太平军攻下江南大营，东南局势危急，只有曾国藩的湘军能收拾局面，经过认真思考后，还是任命曾国藩为两江总督。他写给曾国藩的任命诏书也显得非常急促：

“曾国藩着先行赏加兵部尚书衔，迅速驰往江苏署理两江总督。未到任以前，着徐有壬暂行兼署。”

从这份诏书来看，曾国藩是署理两江总督，相当于代理，说明皇帝心中还是很不情愿，不过，不久之后就把“署理”去掉了。

皇帝的任命书还没有下来，肃顺就给胡林翼写信，把曾国藩任两江总督的事情透露了，并嘱咐他，要让曾国藩看到这封信。曾国藩看到信后，非常激动，也对肃顺产生了感激之情，便想写信表示感谢。但经过认真思考后，还是没有写，他认为肃顺虽然精明干练，深得咸丰皇帝信任，但为人骄横跋扈，独断专行，瞧不起满蒙亲贵中的昏聩者，连皇帝的弟弟、日后的恭亲王奕忻也不放在眼里。再则，肃顺没有直接给他写信，如果直接给肃顺回信的话，恐怕会落一个结交大臣的嫌疑。不久之后，咸丰皇帝驾崩，肃顺被任命为八位顾命大臣之一，但很快就被慈禧和奕忻联手推翻，此后，中国进入了慈禧太后垂帘听政的时代，而肃顺则被满门抄斩。据说，慈禧下令查抄了肃顺家里的书信，满朝文武和肃顺有往来的不少，许多人受到了牵连，而曾国藩因为没有给肃顺写过信，从而逃过一劫。

做事敬慎，在工作上就是要敬业。今天，大多数人都要参加工作，都要进入一个个单位，在单位里面，做事的最好方法就是敬业，这既是职业道德的要求，也是想在职业上有所成就的必备态度，如果一个人对工作不认真，不爱岗敬业，怎么可能在工作上有所成就呢？李嘉诚曾经说过：

“敬业的人一定乐业，乐业的人必然成功。”

乐业是爱岗敬业的最高境界，人们对自己的工作产生极大兴趣，全身心地投入其中，必然会获得快乐和认同。

四、主敬则身强体健

这是曾国藩遗嘱中的名言，他把“主敬”当作锻炼身体的手段，“主敬”可以使身体康健。

在曾国藩的所有家训中，遗嘱的影响最大，也最能代表曾国藩的家教思想。曾国藩的遗嘱是八个字：慎独、主敬、求仁、习劳，又可以扩展为四句话：慎独则心安、主敬则身强、求仁则人悦、习劳则神钦。这四句话是曾国藩一生自我修养的智慧精华，也是传统修身智慧的集大成。

（一）慎独则心安

“自修之道，莫难于养心。心既知有善知有恶，而不能实用其力，以为善去恶，则谓之自欺。方寸之自欺与否，盖他人所不及知，而己独知之。故《大学》之‘诚意’章，两言慎独。果能好善如好好色？恶恶如恶恶臭，力去人欲，以存天理，则《大学》之所谓自谦，《中庸》所谓戒慎恐惧，皆能切实行之。即曾子之所谓自反而缩，孟子之所谓仰不愧、俯不怍，所谓养心莫善于寡欲，皆不外乎是。故能慎独，则内省不疚，可以对天地质鬼神，断无行有不慊于心则馁之时，人无一内愧之事，则天君泰然，此心常快足宽平，是人生第一自强之道，第一寻乐之方，守身之先务也。”

慎独是儒家独有的词汇，最早出现于四书之中的《大学》和《中庸》，“慎”就是小心谨慎、随时戒备；“独”就是独处，独自行事。慎独有两层含义，第一层含义是道德自律，简单来说就是当一个人独处的时候，没有人看到的时候，也要严格遵守道德规范，不能因为没有人看到，就放松对自己的要求。比如，有的人在人多的时候，不会闯红灯，但在早上或晚上，当一个人过马路、身边没有人看到的时候，就闯红灯，这就是没有做到“慎独”。在这个意义上，慎独讲究的是道德自律，慎独功夫就是道德修养功夫。第二层含义是哲学层面的，说人的本性中有一个内在的“独体”，这个“独体”是至善的，是人之为人的特征，一个人要使自己成为人，就必须去发现这个独体，并小心谨慎地涵养它，时时保持它。这个独体是天赋的，是人之为人的，君子和小人都有，在明代大儒王阳明那里，就是良知。

“慎独”也是“诚”的问题，就是说要“诚于己”，对自己真诚。对自己真诚的人，无论别人是否看到，无论自身是否独处，都会始终如一地对待自己的行为，那种有人看到的时候就遵守道德规范、没人看到的时候就违反道德规范的行为，不是诚的行为，只能是伪善。一个诚于己的人，一个在行为上始终如一的人，他的内心是光明坦荡的，事无不可对人言，这就是孟子讲的浩然之气，这样的人，他的内心极其安宁。也即是在这个意义上，曾国藩把慎独称为“人生第一自强之道，第一寻乐之方”。

在曾国藩看来，人生的最大问题就是养心问题，心灵虽然知道有善有恶，但却做不到为善去恶，比如吸烟、喝可乐、吃油炸食品，我们明知道吸烟有害健康、可乐和油炸食品都是垃圾食品，但还是会忍不住去吸、去吃，善于反省的人，吃完之后会有一股悔意，会在心中对自己说，以后要少吃或尽量不吃，不善于反省的人，吃了也就吃了，在他们看来，人生苦短，该吃啥就吃啥，这也是一种心灵活动。这两种人都没有找到安顿心灵的方法，第一种人虽然有悔意，但以后还是会再吃，进而再次生出悔意，在一次次重复中，心灵不能得到升华，自我得不到超越；如果说第一种人生出悔意，是因为关注自我健康，那么第二种人则认为感官享受比健康重要，重视外部刺激带来的精神愉悦，不过，这种愉悦是没有根基的，看似很愉悦，但和心灵无关，在内心深处甚至已经放弃了自我升华、自我超越的愿望，只能跟着感觉走、跟着感官走。以上两种情况都不是曾国藩想要的人生，他要改正不足，超越自己，使自己得到升华，而方法就是慎独，如吸烟，他的戒烟经历也是很痛苦的，但他通过一次次的慎独功夫，通过在日记中不断地痛骂自己，用几个月的时间把烟戒了，以后再也不吸，他的心灵再也没有受到吸烟问题的困扰，在这方面已经心安理得、坦然光明。

（二）主敬则身强

“敬之一字，孔门持以教人，春秋士大夫亦常言之，至程朱则千言万语不离此旨。内而专静纯一，外而整齐严肃，敬之工夫也；出门如见大宾，使民如承大祭，敬之气象也；修己以安百姓，笃恭而天下平，敬之效验也。程子谓上下一于恭敬，则天地自位，万物自育，气无不和，四灵毕至。聪明睿智，皆由此出。以此事天飨帝，盖谓敬则无美不备也。吾谓敬字切近之效，尤在能固人肌肤之会筋骸之束。庄敬日强，安肆日偷，皆自然之征应，虽有衰年病躯，一遇坛庙祭献之时，战阵危急之际，亦不觉神为之悚，气为之振，斯足知敬能使人身强矣。若人无众寡，事无大小，一一恭敬，不敢懈慢，则身体之强健，又何疑乎？”

在这段话里，曾国藩总结了前人对“敬”修的看法，前人把敬作为内在心灵专一、外在整齐严肃的修养功夫，在前人看来，敬也是恭敬，如果人人都恭敬，都保持谦恭态度，并敬于己业，那么天下就太平了。在此之外，曾国藩认为，敬有强身健体的功效，一个人，如果保持精神专一、恭敬严肃的态度，那么他的身体也会强壮起来，相反，如果一个人平时杂念很多，又比较懒惰，那么他的身体会越来越差。他引用了自己的例子，虽然身体不是很强壮，但一遇到战阵危急之时，却能表现出很强盛的气势。

主敬身强主要有两个方面的体现：一是在工作中，曾国藩的身体素质不是很好，但他却承担了当时中国最忙的工作，每天天不亮就起床，晚上三更后才休息，对于一个身体健康的人来说，这样忙的工作坚持一段时间也会很累，而曾国藩却坚持了几十年，这主要靠主敬的修炼功夫。他对工作非常敬业，一旦投入一件事情就没有其他杂念，总是精益求精，要求自己做到最好，他一点也不觉得累，相反从忙碌的工作中体会到了很多乐趣。对他来说，工作不是身体的负担，而是锻炼、愉悦身心的事情，这一点，工作敬业的人应该会有同感。二是精神状态与身体的关系，良好的精神状态有益于外在身体的健康，今天我们讲养生，其中一点就是要注重养心，注重养成良好的精神状态。

（三）求仁则人悦

“凡人之生，皆得天地之理以成性，得天地之气以成形，我与民物，其大本乃同出一源。若但知私己，而不知仁民爱物，是于大本一源之道已悖而失之矣。至于尊官厚禄，高居人上，则有拯民溺救民饥之责。读书学古，粗知大义，即有觉后知觉后觉之责。若但知自了，而不知教养庶汇，是于天之所以厚我者辜负甚大矣。孔门教人，莫大于求仁，而其最切者，莫要于欲立立人、欲达达人数语。立者自立不惧，如富人百物有余，不假外求；达者四达不悖，如贵人登高一呼，群山四应。人孰不欲己立己达，若能推以立人达人，则与物同春矣。后世论求仁者，莫精于张子之《西铭》。彼其视民胞物与，宏济群伦，皆事天者性分当然之事。必如此，乃可谓之人，不如此，则曰悖德，曰贼。诚如其说，则虽尽立天下之人，尽达天下之人，而曾无善劳之足言，人有不悦而归之者乎？”

仁者爱人，如果一个人只知道爱自身，而不知道关心爱护别人，这样的人是极度自私的，就不是一个仁者了。对于有能力的人来说，特别是对于当官的人来说，爱人的表现就是要帮助贫困者、弱者，在自身成功的同时，也力争让别人过上好的生活，儒家讲立人达人，你在成就别人的同时，别人也会成就你，你帮助了别人，当你需要帮助的时候，就会一呼百应。在这点上，曾国藩做得很好，也是他获得那么多人尊敬、追随的原因，他希望子女也能学到这一点。举个例子，曾国藩在和太平军作战时，向皇帝推荐了一大批将领，其中，有他的手下，也有幕僚，更有只是见过几面的人，这些人不少日后都是手握大权、督抚一方的重臣，例如李鸿章、左宗棠、沈葆桢等，曾国藩提拔这些人都是看中了他们的能力和才华，并不是为了拉帮结派，事后也不要他们回报，但也正是因为他的真心和仁心，让这些人日后格外尊敬他、佩服他。后来，曾国藩的权力和名望越来越大，引起了皇帝的猜忌，于是，皇帝想离间曾国藩和湘军将领之间的关系，但都没有成功，其中最大的原因不是曾国藩提拔了他们，而是曾国藩作为仁者的人格魅力。

（四）习劳则神钦

“凡人之情，莫不好逸而恶劳，无论贵贱智愚老少，皆贪于逸而惮于劳，古今之所同也。人一日所着之衣所进之食，与一日所行之事所用之力相称，则旁人韪之，鬼神许之，以为彼自食其力也。若农夫织妇终岁勤动，以成数石之粟数尺之布，而富贵之家终岁逸乐，不营一业，而食必珍馐，衣必锦绣，酣豢高眠，一呼百诺，此天下最不平之事，鬼神所不许也，其能久乎？

古之圣君贤相，若汤之昧旦丕显，文王日昃不遑，周公夜以继日坐以待旦，盖无时无不勤劳自励。《无逸》一篇，推之于勤则寿考，逸则夭亡，历历不爽。为一身计，则必操习技艺，磨炼筋骨，困知勉行，操心危虑，而后可以增智慧而长才识。为天下计，则必己饥己溺，一夫不获，引为余辜。大禹之周乘四载，过门不入，墨子之摩顶放踵，以利天下，皆极俭以奉身，而极勤以救民，故荀子好称大禹、墨翟之行，以其勤劳也。

军兴以来，每见人有一材一技、能耐艰苦者，无不见用于人，见称于时。其绝无材技、不惯作劳者，皆唾弃于时，饥冻就毙。故勤则寿，逸则夭，勤则有材而见用，逸则无能而见弃，勤则博济斯民，而神抵钦仰，逸则无补于人，而神鬼不歆。是以君子欲为人神所凭依，莫大于习劳也。”

神指神祇，也指精神，同理，“习劳则神钦”既可为天神眷顾勤劳的人，也可为劳动能让心神愉悦。在这一部分，曾国藩勉励子弟要勤快，要参与劳动，不能好逸恶劳。首先，劳动是锻炼的一种方式，曾国藩在 100 多年前就教育子女通过劳动来培养品行、强健身体。其次，勤劳是成功的阶梯，从自身的角度来说，只有勤练技艺、磨炼筋骨、困知勉行，才会增长知识和才干；从他人的角度来说，一个人如果为官却好逸恶劳，不但自己会吃不饱、穿不暖，也会殃及到别人。勤快的人，只要有才能，就会有机会获得赏识；好逸恶劳的人，即使有才能，也会被抛弃。在统领湘军的时期，曾国藩特别注重观察部下是否勤奋，对那些能吃苦耐劳的人，无不大力提拔使用。

以上详细介绍了曾国藩遗嘱的四大内容：慎独心安、主敬身强、求仁人悦、习劳神钦，能看出曾国藩的教育思想非常独特，他没有要求子女当多大官、攒多少财富，而是把日常生活中的四个核心问题及自身的处理经验留了下来，这四个核心问题是：养心、养身、养神、人际关系，前面三个是一个人自身的问题，后面一个是人与人之间的问题。年轻人可能感觉不到这四个问题的重要性，特别是前三个问题的重要性，但随着年龄增长，就会慢慢发现心灵的问题、身体的问题、精神的问题对人来说将会多么重要，无论我们是想平淡过一生，还是想干一番事业，都要有一个好的心、身、神，这三个方面如果出现问题，健康生活工作的基础就会动摇。

中国古代道家把一个人的身体分为三个方面：精、气、神，精是先天后天之精，是身体的核心方面；气是物理意义上的身体，是体质；神是内在心灵和精神状态。一个人要想健康长寿，就必须保护好自己的先天后天之精，锻炼好身体素质，保持好的精神状态，不要过度耗费，要固守好精气神。固精就是要节欲、房事有节；固气就是要加强锻炼，增强体质；固神就是要慎思，不要思虑太多，要懂得节俭自己的脑力和心力。

曾国藩讲的慎独心安、主敬身强、习劳神钦虽然和道家的精、气、神不完全一致，但却是儒家关注的核心，养心、养气、养神，这三个方面是内在和外在的相互结合，是道德修养和外在行为的结合，归根结底是一个人如何处理内在世界和外在世界的关系的问题，特别是把第四个方面“求仁”加进来后就更加明显。因此，曾国藩的遗嘱是从最基础的角度教育子女如何做人，如何处理内在和外在的关系。

五、要保持敬畏之心

做人一定要有敬畏之心，只有心存敬畏，做起事情来才会小心谨慎，才能在变幻莫测的政坛商场、纷繁复杂的社会里，立定自己的脚跟。只有心存敬畏，才能知天安命，才能不浮躁，不被私心杂念所扰，才能谦逊平和，永远保持内心的执着和清静，恪守心灵的从容和淡定。

心存敬畏，不是懦弱的表现，而是真正的强大，那些无所畏惧，天不怕地不怕的人，并不是真正强大，总有一天，他们会碰得头破血流，甚至身陷囹圄。曾国藩一生有三畏：畏天命、畏人言、畏君父，正是因为怀着这样的畏惧之心，他才能行稳致远。

同治二年，曾国藩给九弟曾国荃写信，劝导他应从畏慎二字上痛下功夫，不要一味倔强，意气用事。他在信中讲述了自己的教训。

“余自经咸丰八年一番磨炼，始知畏天命、畏人言、畏君父之训诫，始知自己本领平常之至。昔年之倔强，不免客气用事。近岁思于畏慎二字之中养出一种刚气来。”

咸丰八年是曾国藩人生的一个重要转折点，在这个节点上，他做人做事的方法有了很大变化，在这之前他信奉儒家和法家，在这之后则更多地学习、运用道家思想，更懂得刚柔盈虚之理，在积极做人做事的时候，也更加具有畏惧之心，不再像以前那样，一味向前，一味刚强了。

咸丰八年之前的事情有两件，曾国藩后来颇有悔意，一件是不畏君父，一件是不畏百姓。

在京为官时，曾国藩以儒家士大夫自居，以天下为己任，曾上书狠狠地骂过皇帝。1851 年，曾国藩 41 岁，这一年道光皇帝去世，新皇帝咸丰继位，而此时鸦片战争惨败的阴云还没有散去，洪秀全、杨秀清已经在广西金田起义，建号太平天国，洪秀全自命为天王、杨秀清自命为东王，时人称为洪杨之乱。面对内忧外患的局面，新皇帝想有一番作为，便下诏求言，曾国藩有感于咸丰皇帝平日的碌碌无为，上了一道《预防流弊疏》，言辞激烈，锋芒直指咸丰皇帝本人。他对咸丰皇帝提出三点批评：

一是批评皇帝小事严厉，大事糊涂。对于臣子上朝时的衣着，皇帝反复过问，但对于重要的人事安排，却用人不当。

二是批评皇帝尚虚名，不求实际。他说皇帝开言路，只是为了自己有个好名声，并不是想听到什么建议，大多数建议提了之后就没有回声，用今天的话来说就是，形式大于实质。

三是批评皇帝经常出尔反尔。说好了的事情，过几天就变了，以至于失信于臣子。

在这道奏疏中，曾国藩完全是按照儒家的义理来行事，他效仿古代名臣，不计个人荣辱，奏疏上了后，就提醒家人，让他们做好自己被免官的准备。这道奏疏毫无疑问惹恼了咸丰皇帝，他看完后就气愤地扔到地上，大骂曾国藩狂悖、放肆，并扬言要惩治曾国藩，但幸好有其他大臣求情，当时的大学士祁隽藻对咸丰皇帝说：“曾国藩的奏疏虽然用词激烈，但念在是初犯，就饶过了他一回，也能显出皇帝您的圣明。”曾国藩逃过了一劫，这是曾国藩当官以来第一次重大危机，但从此后，咸丰皇帝都不喜欢、信任他。

咸丰四年，皇帝让在家为母守孝的曾国藩帮办湖南团练。曾国藩办团练时，严格治军，积极剿匪，并采用重刑严罚，有时甚至宁可错杀也不放过，这让他获得了“曾剃头”的称号。

他在长沙设立审案局，专门负责社会治安，全省所有刑事案件，特别是与土匪、通敌有关的案件，都要到审案局来审。有人考证说，进了审案局，只有三种处理结果：第一种，就地正法；第二种，鞭刑，然后收监；第三种，查无实据，放人，不过进了审案局能被放走的很少。湖南省各府州县，只要有人举报某人是土匪或通匪，他就会派人去抓。当时的知府叫仓景恬，他写了一份回忆录，里面记载曾国藩在几个月内，杀了 200 多人，不少人被冤杀，其中一个案子，就错杀了至少 4 个人。这在当时引起了很大民怨，但曾国藩信奉乱世就要用重典，对于老百姓的请愿、求情一概不理。

剿匪不但涉及治安权力的归属和治安经费的分配，也是当时官方的一大财政收入来源，因此，曾国藩的剿匪严重影响了湖南官场利益，加之当时的曾国藩，为人非常刚强，遇到不平的人和事就会管，他多次向皇帝上奏疏弹劾地方官员，时任湖南提督就受到他的弹劾。在这种情况下，曾国藩受到了湖南官场的排挤，包括本人和手下官兵，多次受到刁难，他自己也感觉难以立足，最终带着他的部队离开长沙，改为驻扎在衡阳。

咸丰七年，曾国藩的父亲去世，他回家守孝，咸丰八年，经过一年多的思考，他对自己的过往经历有了深刻反省，明白了过刚易折的道理，此后再也没有和皇帝发生过冲突，也更加畏惧人言，更加重视自己的名声。

随着年岁增长，曾国藩对于天命的认识也越来越深刻，他认为一个人能否成功，除了个人努力之外，还要看天命，天命没有不可强求。在攻打金陵时，曾国荃久攻不下，官僚集团的议论很大，认为曾国荃的部队不行，纷纷劝皇帝换李鸿章、左宗棠等人来，皇帝虽然没有换人的打算，但多番催促，这让他很郁闷。曾国藩作为湘军统帅，承担的压力其实更大，但还是写信安慰弟弟，让他不要急躁，要更加体恤将士。

“畏天命，则于金陵之克复，付诸可必不可必之数，不敢丝毫代天主张。且常觉我兄弟菲材薄德，不配成此大功。畏人言，则不敢稍拂舆论。畏训诫，则转以小惩为进德之基。余不能与弟相见，托黄南翁面语一切，冀弟毋动肝气。至嘱至嘱。”

黄南翁是黄冕，字南坡，善于理财，是曾国藩的重要幕僚。曾国藩自己比较忙，不能离开大帅营，他特意托黄冕去安慰曾国荃，让他要心存畏惧，不要意气用事。当时的曾国荃为了攻下金陵，强令手下进攻，死伤惨重，官兵意见很大，曾国藩一面给他补足兵力，一面劝他不要着急，不要蛮干，要顺其自然。

敬畏是人生的大智慧，不仅是人生态度，也是行为准则。曾国藩在敬畏心中走向了人生的顶峰，在得享大名的同时，也保身、保家。历史上像曾国藩这样有大成就、大功绩的人也有不少，但他们中的许多人因为不懂得敬畏，在成功后便张扬跋扈，甚至不把皇权和法律放在眼里，最终落得身死族灭的下场。

曾国藩最佩服的人是郭子仪。郭子仪是唐朝的名臣，安史之乱爆发后，被唐玄宗提拔为朔方节度使，他率军平乱，很快收复洛阳、长安，功居平乱之首，晋为中书令，封汾阳郡王。唐代宗时，又平定仆固怀恩叛乱，并说服回纥酋长，共破吐蕃。唐德宗继位后，遵郭子仪为“尚父”。郭子仪戎马一生，屡建奇功，以 84 岁的高龄才告别沙场，天下因他而获得安宁达 20 多年。

郭子仪从不居功自傲，为人很谨慎，做事特别注意细节，不论有多大的功劳，对皇帝始终保持敬畏之心，即使在前方打仗，只要皇帝诏命他入朝，他从未迟延过。民间有一出戏《打金枝》，反映了他的敬畏态度。戏的故事是，郭子仪 70 大寿，全家人都来拜寿，只有他的六儿媳升平公主没到，儿子郭暖气愤之下打了皇帝的金枝玉叶，还斥责道：“你依仗皇父就不来拜寿，我父还不愿意当皇帝呢！”郭子仪知道儿子打了“金枝”以后，带着儿子就去向代宗皇帝请罪。唐代宗对郭子仪的态度很满意，他对郭子仪说：“儿女闺房琐事，何必计较，老大人权作耳聋，当没听见这回事算了。”郭子仪谢过皇恩，回家后把儿子痛打一顿。

历代名臣对郭子仪都非常推崇，王安石说：“翼翼汾阳，子仪始王。德完道粹，功盖于唐。宜享世泽，流如海长。”曾国藩也以之为榜样，特别是在他即将打下金陵的时候，模仿郭子仪的心愿更强烈。他给九弟曾国荃写信说：

“古来成大功大名者，除千载一郭汾阳外，恒有多少风波，多少灾难，谈何容易！愿与吾弟兢兢业业，各怀临深履薄之惧，以冀免于大戾。”

“处大位大权震享大名，自古有几人能善其末路者？总须想法将权位二字退让少许，灭去几成，则晚节渐可收场耳。”

曾国藩去世后，门人弟子也喜欢把他和郭子仪相比较，他们都是挽救王朝于既倒的人，但都功成身退，最终保身保家。

相对于曾国藩、郭子仪，现在有些人，有点钱、有点权后就忘乎所以，不少人出名后就总感觉自己高人一等，总感觉法律管不到自己，结果最后难逃法律制裁。

六、主静与主敬：古人修炼的两大路径

中国古人在个人身心修炼上有两大法门：敬与静，儒释道三教都重视静修，但敬修是儒家的独门方法。静修的特点是通过安静的外在环境，来达到内在思虑平静的效果，最常见的方式是静坐。

我们每次去寺庙、道观的时候，都会不由自主平静下来，很多烦恼杂念都会排除，一些平时不会思考的问题，都会开始思考，例如，我们可能会思考工作的意义在哪？每天都这么忙于工作，起早摸黑挤地铁、挤公交，到底是为什么？这真对我们的人生有意义吗？但当我们离开寺庙、道观的时候，又会觉得以上的问题太不切于实际，又会投入到紧张而忙碌的工作中，这就是外在环境对人思虑的影响。在平常生活中，如果想要静一静，我们也会找一个相对安静的环境，或相对封闭的空间，一个人或坐或躺，静静休息、思考。

古人对静修的方法非常重视，儒家经典著作《大学》认为：

知止而后有定，定而后能静，静而后能安，安而后能虑，虑而后能得。

“止”是停止、归宿、立场。一个人知道自己的立场和归宿，知道自己该停止的地方，心就能够定下来，进而安静下来，进而安于所处，并有所收获。例如，当我们对自身有比较深刻的自我认知，知道自己不可能当上局长处长，不可能成为老板大款，也不可能成为名人明星，自己只能是自己，自己就是一个普通而平凡的人时，就不会好高骛远，更不会胡思乱想。当有了这样的认知后，我们的心就会定、平静下来，并安于现在的平淡生活，也只有这样，才能从平淡中体悟生活的真味，才能有所收获，才能享受这份平淡，而不是把平淡作为一种无法忍受的痛苦现状。只有那些对自己缺乏深刻了解的人，不知道自己该在何处停下来的人，才会对平淡的生活极度不满，才会无法忍受这样的生活。

儒家的静修更多具有方法论意义，通过静来体悟、感受其他的东西，通

过静来更好地面对现实生活。而道家、佛教则不一样，他们也追求外在环境的安静，也讲究静坐的方法，但他们把静本身就当作一种目的来追求。例如，道家讲清静无为，追求的是一种静的、摒弃物欲的生活，这种静的生活也是顺应自然、无为的生活，要求保持一颗平静、无为的心，在这种思想主导下，信奉道家的道士一般都远离尘世，寄居于山林之间。在道教中，有一种清心寡欲、与世无争的养生观，就是追求这种静的生活状态，来调节身心健康。

佛教和儒道相比又有很大不同，在外在的生活志趣上，佛教更接近道教，都讲究出世、与世无争，都重视静坐、打坐的方法，不过道教在静中体悟的是无为的心境，进而崇尚无为、顺应自然的生活，而佛教则在静中体悟到空的心境，进而追求现世之外的生活，在他们的观念世界中，现世是苦海，不觉悟，将永远深陷其中、不断轮回，不能解脱。

空是虚幻的意思，在佛教中，除去佛法僧，世间一切都是虚幻的。《心经》认为：

色不异空，空不异色，色即是空，空即是色，受想行识，亦复如是。

观自在菩萨静坐深思，悟得五蕴皆空，世间一切，包括外在的事物和内在的想法，都是不真实的。

《金刚经》认为：

一切有为法皆如梦幻泡影，如露亦如电，应作如是观。

诸法为空，只有真诚信奉佛祖，觉悟之后才能明白过来。佛教的静是为了体悟现世的虚幻、追求脱离轮回苦海，进入极乐世界。

曾国藩从小学习儒家典籍，是儒家的士大夫。他很善于运用静的方法，在他的十二条修身课中，就有一条是静坐，这条规定：

每日不拘何时，静坐四刻，体念静极生阳来复之仁心。正位凝命，如鼎之镇。

每天都要静坐四刻，时间上没有固定要求，只要有时间即可静坐。通过静坐，在静中体悟天地生物的仁心，从而摆正自己的位置，更加巩固自身的天命之性，这样，仁心就会成为自身的主宰，就不会堕落。

曾国藩作修身《五箴》，其中两篇是《主静箴》和《居敬箴》。他信奉程朱理学，讲究在静中体悟天地之理，在静中培养心神专一的意志力，这就是敬的状态，有别于道家的无为和佛教的空。《主静箴 》和《居敬箴》之间有递进关系。先看《主静箴 》:

斋宿日观，天鸡一鸣，万籁俱息，但闻钟声。后有毒蛇，前有猛虎，神定不慑，谁敢予侮？岂伊避人？日对三军，我虑则一，彼纷不纷。驰骛半生，曾不自主，今其老矣，殆扰扰以终古！

黎明时分，天地很安静，只能听到晨钟的声音，是静坐的好时刻，虽然也难免心神不定，但即使是前有猛虎，后有毒蛇，也不能退避。要坚持排除杂念，保持思虑安定。不过，和杂念斗争就像三军打仗一样，知易行难，必须努力保持思虑安定，即使杂念再纷扰，也不要为之所动。我努力半辈子，仍没有做到这一点，现在年纪不小了，不能就这么终老，从此立志做主静的功夫，以求思虑安定。

再看《居敬箴》:

天地定位，二五胚胎，鼎焉作配，实曰三才。严恪齐明，以凝汝命，汝之不庄，伐生戕性。谁人可慢？何事可弛？弛事者无成，慢人者反尔。纵彼不反，亦长吾骄，人则下汝，天罚昭昭。

曾国藩在静中体悟到阴阳五行生物之理。盘古开天后，天地阴阳分开，万物化育，人秉持仁义礼智信而生，天地人三足鼎立，被称为三才。天地之理整齐严明，是人的性命所在，如果不遵循，性命就会受到破坏。没有人可以怠慢放驰，否则只会伤害到自身，即使这种伤害暂时没有到来，也会助长骄气，从而让别人看不起，这也是天理昭昭的表现。

曾国藩老家故居富厚堂的二楼是书房，也是曾国藩静坐的地方。咸丰七年，曾国藩为父亲守丧期间，每日都要在此静坐，常常是上楼前心烦意乱，下楼时神清气爽。常年坚持下来，他对静坐体悟很深，也从静中获益良多。有一天在日记中记载:

静中细思，古今亿万年无有穷期，人生其间，数十寒暑，仅须臾耳；大地数万里不可纪极，人于其中，寝处游息，昼仅一室耳，夜仅一榻耳；古人书籍，近人著述，浩如烟海，人生目光之所能及者，不过九牛之一毛耳；事变万端，美名百途，人生才力之能办者，不过太仓之一粒耳。知天之长而吾所历者短，则遇忧患横逆之来，当少忍以待其定；知地之大而吾所居者小，则遇荣利争夺之境，当退让以守其雌；知书籍之多而吾所见者寡，则不敢以一得自喜，当思择善而约守之；知事变之多而吾所办者少，则不敢以功名自矜，当思举贤而共图之。夫如是，则自私自满之见可渐渐蠲除矣。

曾国藩由天理推明人事，从天地浩瀚推及人生渺小，进而有了忧患意识，在广大无垠的天地间，人要有所成就，须除自满自私之见，择善守约，退让守雌。这是一段有很深刻哲理的话，充分展现了中国传统的天人合一智慧，非静中体悟不出来。他把自身的经验传给子弟，在家书中劝导子弟养成静坐的习惯，学习从静中体悟。在写给弟弟的信中说，“治身不静而身危”，“先静之，再思之，五六分把握即做之”。“养得胸中一种恬静。”他的心得是：

总从波平浪静处安身，莫从掀天揭地处着想。

诚哉斯言，静是人生大智慧，宁静致远，只有懂得静、善于处静的人，才能明白生活的真意，才能安身、成业。

第六章
家风六：省

曾国藩是儒家贤哲曾子的后裔，很好地传承了曾子“吾日三省吾身”的反省精神，并加以发扬光大，也正是在这种反省精神下，曾国藩不断突破自己，不断走向新的高度。他的人生经过三次大变化，在京时着力于儒家理学修身，创办湘军的前半段时间儒法并用，后期则更加注重道家智慧。曾国藩把他的修身方法都传给了儿子，曾纪泽写日记20年不间断。今天，曾国藩的修身方法，值得所有希望在自我身心修养上有所提升的人认真研读、参照。

曾国藩和王阳明都是在立德、立功、立言三不朽上有大成就的人，并列为孔子之后的两大圣人，不过，他们之间有很大不同。王阳明更重视体悟，强调从体悟中发现真理，曾国藩更重视苦学，强调从苦学中获得知识，相对于王阳明来说，曾国藩的学问更有路径可循、成功之路更具复制性。

从两人的家世来看，曾国藩和王阳明天差地别，曾家是普通的乡村农家，王家则是历史上有名的世家大族。东晋时期，王家是天下少有的权贵家族，出过丞相、大将军，大书法家王羲之也是王家人，刘禹锡的《乌衣巷》诗中有一句“旧时王谢堂前燕、飞入寻常百姓家”，其中的“王”指的就是王家，那时，王、谢两大家族主导天下。东晋之后，王家逐渐衰弱，但也不乏大官、大儒。进入明朝，王阳明的上几代祖先都是非常有学问和名望的人，都是朝廷重点延揽的对象，王阳明的父亲王华更是状元及第。王阳明家学源远流长，经过好多年的家族积累、沉淀，出一个圣人有家族底蕴。

曾家是典型的寒门。从史料来看，曾家世代务农，从曾国藩父亲往上面数五六百年，都没有出过一个秀才，到了祖父时，才因善于持家而积累了一点家财，也才开始督促后辈子弟读书、考科举。这样的家庭，后世子孙能在社会上有一个稳定、体面的工作就很不错，怎么能产生圣人呢？这个问题很难有标准答案。

曾国藩和王阳明还有一点重要区别，曾国藩家族在曾国藩去世之后，人才辈出，家业鼎盛，是中国近代第一家族。而王阳明家族，在王阳明去世之后，家族内部矛盾急剧爆发，嫡子和养子间为了争夺家业闹得不休，他的学生们前往调解多次也没有效果，家业很快就败落了，令人惋惜。究其原因，相对于王家，曾家的家风、家规更严厉，家教更仔细，不像王阳明对家里要求不严、自身也比较洒脱。另外，曾家更注重培养子弟的反省精神和忧患意识，通过反省让子弟不断调整、提升自我，对言行更加谨慎，对成败更加豁达。

一、盛时常做衰时想

曾国藩多次在家信中表露出对于家业传承的忧患。

为母守孝期间，朝廷下旨任命他为湖南团练大臣，帮办湖南团练，自古忠孝难两全，虽然他非常想为母亲守完三年之孝，但在朝廷和湖南官员的一再催促下，不得不走马上任。墨经从戎也给他带来了巨大的名声，身边的朋友、同僚都争相吹捧。他保持了非常清醒的头脑，并以享大名为忧，如果享大名的同时，过着奢靡的生活，很容易有奇祸发生。他要求家中子弟时时保持忧患意识。

“名者，造物所珍重爱惜，不轻以予人者。余德薄能鲜，而享天下之大名，虽由高曾祖父累世积德所致，而自问总觉不称，故不敢稍涉骄奢。古人谓无实而享大名者，必有奇祸，吾常以此儆惧，故不能不详告贤弟，尤望贤弟时时教诫吾子吾侄。”

同治初年，曾国藩的好友郭嵩焘、刘蓉因谗言被皇上罢官，九弟曾国荃因部队战绩不佳被皇上下旨斥责，关于曾国藩本人的谗言也很多，手握重兵的汉人官员本来就不为朝廷信任。这样的政治形势，让曾国藩对自身命运非常担忧，曾纪泽多次劝他辞去两江总督的官职，回老家过清闲生活。不过，他认为，以当时险恶的情形来看，不是辞了官就会平安的。

“纪泽腊月信言宜坚辞江督，余亦思之烂熟。平世辞荣避位，即为安身良策；乱世仅辞荣避位，尚非良策也。”

天下太平时辞官，可以获得安宁生活，但在乱世辞官，却非获得安宁的良策。其实早在京师为官期间，因见多了官场险恶及丑陋一面，曾国藩就有辞官的打算，在统率湘军期间，朝廷多番猜忌，同僚不断掣肘，更让他对官场十分厌倦。

和太平军作战结束后，他正式有了辞官的想法。同治六年，曾国藩写信给夫人说，“居官不过偶然之事，居家乃是长久之计”，当官不过是一时的，把家里治理好，才是人生的长久之计。曾氏家族的兴旺和曾国藩个人仕途绑在一块儿，夫人担心他辞官后家族衰败，但曾国藩认为，盛衰不是人力可以控制的，只要做到时时谦恭省俭，家族自然会福泽久远。

“凡有盛必有衰，不可不预为之计。望夫人教训儿孙妇女，常作家中无官之想，时时有谦恭省俭之意，则福泽悠久。”

“能从勤俭耕读上做出好规模，若一旦罢官，尚不失为兴旺气象。”

对于如何保证家族传承，曾国藩也早有考虑。道光二十七年，曾国藩升为礼部侍郎，道光二十九年，升为礼部右侍郎，成为朝廷重臣，这年他才39岁，面对极高的权位、旁人的奉承，他没有迷失在权力中，反而开始考虑家族的承续问题。他在给弟弟的信中写道：

“吾细思凡天下官宦之家，多只一代享用便尽，其子孙始而骄佚，继而流荡，终而沟壑，能庆延一二代者鲜矣。商贾之家，勤俭者能延续三四代；耕读之家，谨朴者能延五六代；孝友之家，则可以绵延十代八代。”

曾国藩熟读历史，对历史上家族的兴衰非常了解。他看到，官宦之家，大多只是一代人富贵后就衰弱了，其子孙开始时骄奢淫欲，继而家业败坏四处流浪，最后在穷困中死去，家业能够延续一两代的很少。商贾之家，保持勤俭的话能够延续三四代，耕读之家，谨守俭朴能延续五六代，而孝友之家则能够延续十代八代。

曾国藩对于家族传承具有强烈的忧患意识，他认为自己赖祖宗积攒下来的福分，才能够中进士、入翰林，37岁就成了二品高官，他深怕家族福分在自己这一代就享用尽了，因此，他用心教子弟们读书，希望以耕读孝友立家，而不愿子弟们做官，并告诫称，看得透这一点，才能算曾家的孝子贤孙，才能算兴旺家族的功臣。也正是在这一思想主导下，尽管他生前封侯拜相，手握东南数省大权，位极人臣，死后却没有留下什么财产，留给子孙后代的仅是一楼藏书、一道遗嘱。

这是非常深刻的认识，自古以来能有这样见识的人不多，在这种认识下，曾国藩对曾家目前的状况非常忧虑，他说：

“我今赖祖宗之积累，少年早达，深恐以一身享用殆尽，故教诸弟及儿辈，但愿为耕读孝友之家，不愿为仕宦之家。”

在曾国藩看来，以他礼部右侍郎的身份，可以跻身官宦之家，但官宦之家不能传承长久，他期望家里保持耕读之家的家风。

同治六年，曾国藩已经位列一等毅勇侯、直隶总督，可以说是官至极品，但在写给四弟、九弟的信中，还对家族传承怀有忧虑，他说：“五十岁以后，我就百无所求，唯有对于家里人丁繁盛一事念念不忘。和祖父比起来，我还差很多，唯有期望家里人丁繁盛和祖父的心愿是一样的，四弟和九弟的心愿又和我一样。希望老天爷感念我们三兄弟的诚心，从此曾家丁口日盛。无论是谁的名下添丁，皆有至乐，和气致祥。”接着他又说：

“吾精力日衰，断不能久作此官。内人卒儿妇辈久居乡间，将一切规模立定，以耕读二字为本，乃是长久之计。”

在他看来，自己身体不好，官是做不长久的，以后家人住在乡下老家，只有牢记耕读二字，才是长久之计。

他一再表示“不愿子孙为大官，但愿为读书明理之君子”。为了让儿子读书明理，他规定儿子每天必须做四件事：看、读、写、作。尽管父子间经常相隔千里之遥，他总是抓紧一切空隙不厌其详写信回家，细心指点。这种指点，很少摆出老子的资格，而是像朋友那样推心置腹，像老师那样循循善诱。他常用自己的得失启迪儿子，要求儿子不要只学中国的经、史、子、集，天文算学、外国知识都要学，要尽可能掌握更多知识。在曾国藩的家书中，有许多内容都是教导子弟谨守耕读文化的，在写给弟弟的信中，他一再强调：“家中兄弟子侄，总宜以勤敬二字为法。”“诸弟在家总宜教子侄守勤敬。”“子侄除读书外，教之扫屋、抹桌凳、收粪、锄草，是极好之事，切不可以为有损架子而不为也。”在曾国藩看来，只有耕读勤勉，才能使家庭更兴旺。

二、反省助推人生蜕变

曾国藩是儒家贤哲曾子的后裔。

曾子是孔子的弟子，且是比较迟钝的一个，既没有颜回那样聪慧，能够闻一知十，也没有子贡那样善于外交，不过，曾子有一个最大的优点：反省精神强，他每天都会反省，通过反省来弥补不足。曾子说：

“吾日三省吾身：为人谋而不忠乎？与朋友交而不信乎？传不习乎？”

曾子每天都要从三个方面反省自己的过失：替人谋事有没有不尽心尽力的地方？与朋友交往是不是有不诚信之处？老师传授的知识有没有较好温习？”曾子的这种反省精神受到孔子高度称赞，并被后世儒家所继承发扬。

曾子去世后，他的后人分散到全国各地，其中一支从江西迁到湖南，湖南人很多都是从江西迁来，所以爱称呼江西人为老表。明末清初，曾国藩的先人迁到了湘乡定居，不过事迹记载的不多，直到曾国藩的曾祖父曾竟希时，记载才开始多了起来。就在曾国藩出生的前三年，曾家才迁居到曾国藩的出生地白杨坪居住。

曾国藩遗传了祖先曾子的反省精神，并加以发扬光大，也正是在这种反省精神下，曾国藩不断地突破自己，不断地走向新的高度。综合来看，曾国藩的一生有三大变化，每一个变化都让他变得更加成熟稳健，更加从容豁达。

曾国藩 5 岁开始读书认字，8 岁跟着父亲读书，在 15 岁之前表现都一般，没有什么特殊之处。15 岁那年，曾国藩离开老家，到衡阳涟滨书院读书，在这里他发现了自身的不足，反省精神开始觉醒，并对自己进行了初步反省。涟滨书院始建于1009年，历史悠久，是当时湖南有名的书院，曾国藩到这里后，通过与周围同学的接触，发现自身存在很多不足，他猛然觉醒后，做了一个惊人之举，给自己取号为“涤生”。古人有名、有字，还有号，名是出生后由父母取的，字是成年之后由长辈取的，号则是自己取的，名和字代表父母的期望，号则反映个人的志趣。曾国藩后来在日记中回忆自己这段经历，并解释了自己取号为涤生的含义：“涤者，取涤其旧染之污也；生者，取明袁了凡之言‘从前种种，譬如昨日死，以后种种，譬如今日生也’。”他的老师、理学家唐鉴了解后，赞赏有加，期望他今后涤旧而生新。取号涤生是他自我修养精神的觉醒，从此以后，曾国藩走上了一条儒家式的以修身为本的成圣成贤之路。

15 岁时，虽然觉醒了反省精神，但当时曾国藩主要精力和目标都放在了科举考试上，没有时间精力来深入思索如何修身的问题，加之当时接触到的都是和科举考试有关的书籍，他也没有足够的视野和知识背景去进行自我反省修炼。28 岁考上进士之后，没有科举压力，他才开始把阅读的视野放到了科举书籍之外，这时，他遇到了穆章阿，是穆章阿让他每天写日记，并告诉他，写日记是古人修身的一种方式，通过把每天的不足、过失记下来，可以鞭策自己加以改正。

道光十八年，曾国藩第三次参加会试，主考官为军机大臣穆彰阿，考试过后，按照惯例新科进士都要拜访主考官，以定师生之谊。在拜见的过程中，穆彰阿问如何看待中英鸦片战争，曾国藩说，应该避免开战，采用外交手段解决，这和穆彰阿的观点不谋而合。1840 年，林则徐虎门销烟后，爆发了第一次中英战争，林则徐是主战派，穆彰阿是主和派，在前方战事不利的情况下，道光皇帝采用了穆彰阿的建议，罢免了林则徐，与英国签订《南京条约》。虽然在政治斗争中，穆彰阿赢了，但主和派的名声却不好，民愤很大，不少在朝官员和在家举子也都以主和为耻，穆彰阿压力不小。因此，当曾国藩的观点是主和，且不是单纯地讨好他，而是条理充分，见解精辟，穆彰阿便喜欢上了这个出身农家的新科进士。

据野史记载，穆彰阿了解了曾国藩的情况后，便对他说，当今皇上，即道光皇帝喜欢有上进心、有才华的青年，你中进士、到京居住后，千万不要荒废了学业，反而要更加严格要求自己。

有一次，皇帝召见曾国藩，曾国藩进了皇宫后，太监让他在一个房间里等着，大概过了一个时辰后，太监告诉他可以走了。没有见到皇帝就回去了，这是什么情况？曾国藩感到很不解，出了皇宫后，便立即去请教穆彰阿。

穆彰阿听后，问道：“你注意到了房间墙壁上挂的字画吗？”

曾国藩回答：“我当时很紧张，忐忑不安，哪有心思注意墙上的字画啊！”

穆彰阿沉思一会儿后，让人买通了太监，询问曾国藩所待的房间墙上字画是什么，太监说是《朱熹家训》，穆彰阿便让曾国藩回家去背诵《朱熹家训》。过了几天，皇上再次召见曾国藩，问起了《朱熹家训》的相关问题，因为提前有准备，皇帝对曾国藩的回答非常满意。事后，曾国藩去感谢穆彰阿，穆彰阿也非常喜欢这个年轻人，对他说："你的名字很普通，我给你另取一个怎么样？"

曾国藩说："可以啊，请老师赐名。"

穆彰阿说："就叫国藩吧，希望你以后做国家的藩篱。"

曾国藩原名曾子城，从此之后，就改名为曾国藩。穆彰阿还让曾国藩写日记，在日记中记下自己的不足，以此来严格要求自己，提升自己，也正是因为穆彰阿的影响，曾国藩才开始写日记。

清朝的官方学问是朱子理学，讲究刻苦修炼和一点一滴的学问功夫，这和心学有很大不同。心学主张顿悟成圣，一个人不管他的知识背景如何，哪怕是贩夫走卒，只要顿悟了，只要领悟了良知，都可以成为圣人。理学不反对所有人都能成为圣人的观点，但反对顿悟成圣，他们认为只有生而知之的人才能不学而能，才能依靠顿悟，而绝大部分的人都是学而知之者与困而知之者，都要靠一点一滴的格物致知的水磨工夫，才能让自己成圣成贤。在当时的京城中有一个理学圈子，他们中的成员大都是年轻人，以理学为宗，致力于通过刻苦的修炼来提升自己。曾国藩在京城居住了一段时间后，加入了这个圈子，并和其中的一些人成了好朋友，例如，倭仁、吴廷栋、何桂珍等人，又拜理学家唐鉴为师。

刚写日记的时候，曾国藩把写好的日记给穆彰阿看，让他批改。自从认识了倭仁、吴廷栋、何桂珍等人后，因为都是年轻人，且地位相差不大，大家都记日记，便和他们交换日记看，互相砥砺。倭仁和曾国藩一样，都是清朝中期的理学大师，他们的交往主要是相互切磋理学，倭仁在记日记上，对自己要求非常严，据曾国藩说："唐鉴老师认为，倭仁用功最扎实，在修身上对自己要求非常严，每天从早上起床到晚上就寝，一言一动，坐作饮食，日记中均记载，特别是对于私欲未克、没有改正的地方，从来没有漏过。"

倭仁还曾指导过曾国藩写日记，如教曾国藩写日课，“当即写，不宜再因循”。曾国藩当天即开始写日课：

“每日一念一事，皆写之于册，以便触目克治。”

曾国藩还把自己的日记送给倭仁批阅指教，倭仁毫不客气地教曾国藩“扫除一切，须另换一个人”，曾国藩“读之悚然汗下”，以此为“药石之言”，曾国藩对倭仁的日记则敬畏有加，“不敢加批，但就其极感予心处著圈而已”。曾国藩在写给弟弟的家书中说：“余之益友，如倭仁，令人对之肃然。”

曾国藩日记的篇幅都不长，短的几十字，长的一二百字，写的内容多是生活细节：从早晨起床开始，吃什么饭，和谁说话，晚上做什么梦，都一一记录下来，然后回忆自己一天的言行，发现其中哪点不符合圣人要求，就加以自责，做深刻自省。

从日记中，能够看出曾国藩的修身心路历程，他在日记中不断反思自己的不足，不断总结经验，从而提出今后的努力方向和目标。例如，道光二十二年十月初四日，日记记载：

“本日说话太多，吸烟太多，故致困乏。”

从这能看出，曾国藩早年有吸烟的习惯，且吸烟的坏处已经显现，有鉴于此，他决定戒烟。不过，同月的二十九日，日记记载：

“自戒烟以来，心神彷徨，几若无主，遏欲之难，类如此矣。”

戒烟是很难的，才二十多天，就开始心神彷徨，不抽就难受。同年十一月十五日，日记中记载自己做错了三件事：一是因下棋太费时间和精力，他早先决定不再下棋，但当天有一个好朋友来了，又没忍住，且是主动要求下棋，事后在日记中痛骂自己“全无心肝”。二是当天晚上夫妻生活不和，他写的是“房闼大不敬”，房闼是闺房的意思。三是戒烟以来，一个多月了，定力还不够。因此，他在当天的日记中写道，以后有三戒：

“一戒吸烟，二戒妄语，三戒房闼不敬。”

道光二十三年三月初二，日记中写道：

“日中，闺房之内不敬，去岁誓戒此恶，今又犯之，可耻，可恨。”

那天夫妻生活又失和了。从日记来看，就是通过这样一次次的立志、再犯、再立志的过程，曾国藩不断地升华自己。

曾国藩的日记从道光十九年开始，中间略有断续，但从咸丰八年六月起，就没有断过，无论多么忙，工作到多晚，都不会忘了，最起码也会在第二天补写，即使是生病的时候也照写不误，直到去世前一天才终止。在曾国藩的一生中，修身的方法有不少，但最根本、坚持时间最长的是写日记。

曾国藩的日记时间跨度长达34年，流传至今的约130万字，出版以来，受到追捧，学界有晚清“四大著名日记”的说法，这四部日记分别为曾国藩的《求阙斋日记》、李慈铭的《越缦堂日记》、王闿运的《湘绮楼日记》、翁同龢的《翁文恭公日记》。其中影响最大的当推曾国藩的日记。宣统元年，中国图书公司将其手稿印行，此手稿在20世纪40年代末被曾国藩第四代嫡孙曾宝荪、曾约农姐弟带到台湾，后珍藏于台北“故宫博物院”。今人看曾国藩日记，主要有两个角度，一是对研究历史的学者来说，曾国藩日记记载了大量史实，对研究他那个时代的历史有无可替代的作用；二是学习曾国藩的修身，从曾国藩的日记记载中，寻找提升自己的灵感。今天我们大都是从第二个方面来阅读曾国藩日记。

求学时期的曾国藩，基本上是埋头四书五经，对于科举之外的书，没有多少时间兼顾，也没有什么科举之外的人生理想和目标，但在京城居住后，很快就开拓了眼界，知道科举之外尚有圣人之学，读书就是为了考科举的观点非常狭隘，从此之后，开始以儒家理学的标准来要求自己。也就是在这之后，他在写给弟弟、子女的信中，一再劝诫他们，读书的目的不是为了科举，而是为了完善自身，特别是在几个弟弟科举都不如意时，他更是如此劝慰他们，给他们讲这些道理。

从28岁到42岁，曾国藩在京为官的时间大约有14年，这段时间在学问和修身上进步很大，拜理学大家唐鉴为师，进步很快，自己制订修身方法，坚持写日记，并和修身上有成就的倭仁等相互砥砺，几年的时间，就在京城士林中小有名气。个人修养的提升，不但给他带来了名气，还赢得了皇帝赏识。

道光皇帝喜欢有上进心、有学问、对自身要求严的人，其实今天的领导也喜欢这种人。

28 岁考进士的时候，名次只是列三甲第 42 名，但在随后皇帝主持的关乎工作分配的考试中，由于穆彰阿的帮助，他获得第 3 名，穆彰阿一再推荐下，皇帝亲笔点为第 2 名。

由于得到皇帝赏识，曾国藩在京为官的仕途很顺畅，十年七迁，37 岁就任内阁学士兼礼部侍郎，作为一个汉族官员，能在满人的朝廷里面有这样的成绩，在清朝 200 多年的历史中都是罕见的，而那个时候，在京的湖南籍官员中，能达到这种级别的，也仅有 3 人。曾国藩也有一点得意，他在家书中写到道：

"六月二日，蒙皇上天恩，及祖父德泽，予得超升内阁学士。顾影扪心，实深惭惊！湖南三十七岁至二品者，本朝尚无一人，予之德薄才劣，何以堪此？近来中进士十年得阁学者，惟壬辰季仙九师，乙未张小浦，及予三人；而予之才地，实不及彼二人远甚，以是尤深愧仄！"

这段话的大意是，蒙皇上赏识及祖上积德，被破格提拔为内阁学士，湖南人中 37 岁就能做到二品官的，清朝以来还没有过，曾国藩是第一个，就是近十年来中进士的人中，能成为内阁学士的也只有 3 个人，虽然后面谦虚地说了句才学不如那两位，但其实他觉得最起码从年龄上看，他比那两位升得快。

从 43 岁到 54 岁，这 12 年间，曾国藩从无到有创办湘军，从小到大、从弱到强发展湘军，并以之剿灭太平天国。不过，曾国藩创办湘军的路并不顺坦，甚至可以说，这是他内心苦闷的开始，和求学时的"两耳不闻窗外事、一心只读圣贤书"相比，和在京为官时的意气风发、静心修身、师友之间经常纵论学问相比，在湖南创办湘军是曾国藩人生的一个大转折点，他做人、做事的方式都发生了很大转变，也正是这段经历，让他更加眼光老到、人格魅力大增，从而发现、吸引了一大批优秀人才在身边。有人说，曾国藩身边聚集的人才是当时整个中国最优秀、最富有朝气、最具有进取心的一批人，当时的人才最向往的地方不是北京的朝廷，而是曾国藩的大帅营。

42 岁时，曾国藩奉命担任江西乡试的主考官，乡试是选拔举人的考试，而江西是人杰地灵的地方，学风很盛，优秀学子很多。按照当时的习惯，这一届考上的举人，都会是主考官的弟子，古代师生关系类同父子关系，甚至比父子关系作用更大，这一次考试过后，不但能为朝廷选拔一批优秀人才，曾国藩自己也能收到一批优秀的弟子，以后在官场上会有更多的自己人。曾国藩到江西担任主考官，还有另外一个目的，湖南江西离得近，对于十多年没有回老家的他来说是一次难得机会，出京前，他已经向朝廷请好了假，主持完考试后就回湖南老家一趟。不过天不遂人，还没有抵达江西，他就接到了母亲去世的家信，这让他万分悲痛，只能一面向皇帝辞职，一面回家奔丧，而这个时候，洪秀全的太平军已经打到了湖南，长沙受到威胁，刚办完母亲的丧事，他就被任命为湖南团练大臣，在家办团练。

曾国藩办湘军有自己一套做法，鉴于当时的绿营兵腐化堕落，他给湘军订了独特的制度，包括人员招募、上下级关系、操练等各方面。湘军最大的特色就是读书人带兵，他招募了很多读书人加入军队，用儒家思想作为军队的主导思想，下级和上级之间是师生关系，通过这种方式，湘军凝聚力大，作战时，因为士兵之间私人关系千丝万缕，因此不会出现见死不救的情况，从而有了很大的战斗力。湘军规模比较大，这是清朝立国以来汉人领导的富有战斗力的一支部队，皇帝对他很不放心，因此，不论曾国藩赢得了多大胜仗，部下们都一个个升官，他自己却总也升不上去，而且还经常要挨批评。上面不信任，加之在和太平军的几次交战中，屡屡失败，他感到非常苦闷。

曾国藩在京为官时，信奉的是儒家，而治军时信奉的是法家，不过，一个契机让他明白了过刚易折的道理，并转而信奉道家，也是从这开始，曾国藩才从办湘军的低谷中走出，并进入人生的下一个坦途。

47 岁时，父亲的去世，让他有了一个暂时从困局中抽身的理由，他当即向皇帝写信要回家为父亲守孝。在家丁忧期间，他盖了一栋两层的书楼，上面那层用来看书静坐。野史记载，当时有一个道士来到曾府门前，说有一良策可解曾国藩的困局，曾国藩本来不信巫道，但经不住家人朋友劝说，加之自身确实感到前途迷茫，不知道如何摆脱困局，便把道士请进了屋。道士进来后，曾府的人马上就问所谓良策是什么？曾国藩也在一旁凝神静听，道士却微笑不语，只是解下包袱，拿出一本书来，曾国藩一看是《老子》，遂问何意？道士说："世人读《老子》的多，但懂《老子》的少，想必你年轻时就看过这本书，但那时不一定看懂了，请对照自己这些年的经历认真看，自然会有解决目前困局的良方。"道士走后，曾国藩闭门苦读，觉得这本书果然句句在理，又找来《庄子》看，更为其中的智慧所吸引。从这之后，曾国藩为人处事的方式大变，再也不像以前那样锋芒毕露，也更加懂得进退的诀窍。

54岁时，成功剿灭太平军，挽救大清王朝，这是不世之功，他的人生走向顶峰，同时也变得无比危险，历史上类似于他这样的人很少有好下场，事实上，朝廷对他已经极度不放心。曾国藩深谙进退之道，出人意料地裁撤湘军，从几万人的规模，裁减到只保留几千人，而且都是战斗力不强的部队，这个举动让朝廷看到了他的忠心，从而躲过一劫。

晚年的曾国藩，越来越懂得刚柔、进退之道，在坚持儒法并用的同时，也更加注重道家的做事方式，并以此教导子弟。同治元年，写给弟弟的信中说：

"近来见得天地之道，刚柔互用，不可偏废，太柔则靡，太刚易折，刚非暴虐之谓也，强矫而已；柔非卑弱之谓也，谦退而已。"

同治二年，曾国藩给九弟写信道：

"沅弟左右：疏辞两席一节，弟所说甚有道理；然处大位大权，而兼享大名，自古曾有几人？能善其末路者，总须设法将权位二字，推让少许，减去几成，则晚节渐渐可以收场耳。今因弟之所陈，不复专疏奏请，遇便仍附片申请；但能于两席中辞退一席，亦是一妙。"

同治六年，曾国藩给儿子纪泽说：

"尔禀气太清。清则易柔，惟志趣高坚，则可变柔为刚；清则易刻，惟襟怀闲远，则可化刻为厚。余字汝曰劼刚，恐其稍涉柔弱也。教汝读书须具大量，看陆诗以导闲适之抱，恐其稍涉刻薄也。尔天性淡于荣利，再从此二事用功，则终身受用不尽矣。"

曾国藩的人生经过三次大变化，在京时着力于儒家理学修身，创办湘军的前半段时间儒法并用，后期则更加注重道家智慧。年轻的时候意气风发，想要有一番作为，成圣成贤，理学是他精神世界的支柱；中年时办湘军，书生初掌兵，儒法并用，信奉乱世用重典，一味进取，但过刚易折，不但得罪了很多人，自己也深陷困境；老年后，对道家的智慧研究深入，对天命体悟更深，在儒法道三家之间游刃有余。从此之后，他不但做好了修身，成为一代大儒，也在治军理政上秩序严明、成就斐然，在个人性情上则遵从自然天地之道，应付各种人事更加从容。

三、修身十二课

上文提到，曾国藩在日常生活之中，通过不断反省，来提升自己的道德操守。不过，从他记的日记来看，前几年修身的效果不是很明显，不少错误是一而再的犯，一些缺点，例如下棋、戒烟等，也是屡改屡犯。当时，理学家在写日记的同时，还注重订立需要修习的课程，以求通过成体系的课程来进行全面修炼，全面提升自己。曾国藩在长期反省中，对于自身的不足有深刻认识，为了改正这些不足，有效提升自己，他制订了修身十二课程。

这个课程体系的诞生，有一个契机。曾国藩有一位同乡兼好友，名叫冯树堂，此君是长沙人，有才华，据说在乡试中，获全省第一名，是解元。他在来京参加会试时，因没有地方住，暂居曾国藩家，每日和曾国藩讨论学问，并临时兼任曾纪泽的启蒙老师。曾国藩对冯树堂的学问德行比较认可，他在日记中列举自己在京师的朋友时，说自己朋友越来越多，注重德行修养的有唐鉴、倭仁、冯树堂等，因此，冯树堂可算曾国藩的良师益友。道光二十二年十二月，曾国藩在日记中，对自己的批评越来越多，对自己越来越不满，但除了痛骂自己之外，又没有太好的办法。当月初七日，他早上又起床晚了，同一天内还犯了不诚、多言的错误，且思虑很乱、时常失眠，他不断反问自己：何至于此？怎么会这样？这段时间的修身怎么没什么效果？虽然十月份就立志改过，但两个月以来，不严肃、不谨言等毛病依然存在，看来光立志、光写日记还不够。正好在这一天，他看到冯树堂有了新气象，冯树堂修身功夫很扎实，昨天才新订立修身课程，今天就有了新气象，这对他刺激很大。他不甘落后，别人能做到的，他也能做到，因此决定向冯树堂学习，也制订新的修身课程。他在日记中写道："从此谨立课程，新换为人，毋为禽兽。"

曾国藩给自己订立的课程包括十二个方面，也叫十二课程，或修身十二课。这十二课，《曾国藩家书》和《曾国藩日记》中记载的顺序和内容不一样，《日记》作于十二月初七日，《家书》作于十二月二十日，这里参考两个版本。事实上，《日记》中的课目论述要详细些，可能是第一遍稿、草稿，而《家书》中的版本则简略，可能是经过反思后修正的。这十二课分别是：

1. 主敬：整齐严肃，无时不惧。无事时心在腔子里，应事时专一不杂。

仪表整齐，肃穆庄重，时时刻刻都要警醒、检查自己是否出现了不良或闲杂的念头。没有事情的时候要收心，不要胡思乱想，有事情处理的时候要专心，保持精力集中。主敬讲的是内外一致问题，对内对外都要敬，对内要收心，接物要专心，而要做到这点平时需保持庄重肃穆，时时保持警醒，防止杂念出现。

2. 静坐：每日不拘何时，静坐四刻，体念静极生阳来复之仁心。正位凝命，如鼎之镇。

每天都要静坐四刻，时间上没有固定要求，只要有时间即可静坐。通过静坐，在静中体悟天地生物的仁心，体悟天地的生生之理。在儒家的思想体系中，天地生物不但是天道，也是人道和仁道，只有体悟了这一点才能在理论上有深一层的境界，进而明白自身的天命之性，明白读书人的责任，并进一步落实在现实行动中。《中庸》云："天命之谓性，率性之谓道，修道之谓教。"人的本性是天赋的，是至善的，按照至善的本性行事，是符合道的，圣人的行为天然符合道，但普通人不行，需要教化，接受教育就是修习大道。《大学》云："定而后能静，静而后能安，安而后能虑，虑而后能得。"曾国藩就是根据《大学》的方法，通过静坐，在静中思虑，在静中修习。正位凝命、如鼎之镇，要以体悟来的天地大道作为自身最核心的主宰价值和行动指南，秉持这样的价值，就不会堕落。

3. 早起：黎明即起，醒后勿粘恋。

天刚亮就起床，醒来后不能赖在床上。早起是祖父的要求，曾国藩非常忠实地执行，他后来进一步认为早起是勤奋的第一要素。

4. 读书不二：一书未点完断不看他书。东翻西阅，都是徇外为人。

读书讲究心无旁骛，一本书没看完，尽量不去看其他的书。东翻西阅，用处不大，且会让自己的心不专、跟着书跑。在《日记》中，这条的后面还有“每日以十页为率”，曾国藩给自己定的读书目标是每天看书十页，这是从多年读书生涯中摸索出来的心得。

5. 读史：《二十三史》每日读十页，虽有事不间断。

《日记》中这条是这么写的：“丙申年购《二十三史》，大人曰：‘尔借钱买书，吾不惮极力为尔弥缝，尔能圈点一遍，则不负我矣。’嗣后每日圈点十页，间断不孝。”曾国藩在第二次会试落榜后，回家途中路过徐州睢宁，睢宁知县是湖南老乡，他去拜访并借了100两银子，不久后，路遇有人卖《二十三史》，要价正好100两，曾国藩稍加犹豫就买了下来，事后担心家里人责罚他。回到湖南老家后，父亲没有责备他，反而说：“你向别人借钱买书，我会不惜一切地替你还账，你若是能够仔仔细细地圈点阅读一遍，才算不辜负我的一番苦心啊。”100两不是小数目，家里为此背下沉重的债务，两年后才缓过来。这让曾国藩很愧疚，此后，他立志一定要把《二十三史》认真读一遍。

6. 谨言：刻刻留心，第一功夫。

时时都要留心、谨慎，要谨言慎语，这是为人处世的第一等功夫。

7. 养气：气藏丹田，无不可对人言之事。

要培养浩然之气，要光明正大，事无不可对人言。这是借鉴孟子的做法，也是儒家修身的重要方向。

8. 保身：十二月奉大人手谕：“节劳，节欲，节饮食。”时时当作养病。

保身一条是父亲的教导。曾国藩在京居住不久后，大病了一场，甚至到了口吐鲜血的程度，换了几个医生都没有很好办法，后来是被友人治好。父亲对于他的病非常担心，特意来信告诫要学会保身之法，主要是“节劳，节欲，节饮食”，即劳逸适度、房事适度、饮食适度。

9. 日知所亡：每日记《茶余偶谈》一则，有求深意是徇人。

《论语》记载，子夏说：“日知其所亡，月无忘其所能，可谓好学也已矣。”意思是，每天学到一些新知识，每月复习学过的旧知识，这可以算好学了。曾国藩在这一条中要求自己，每天都要读书，要获得新知识，并把读书心得记下来。《茶余偶谈》就是曾国藩的读书心得。

10. 月无亡所能：每月做诗文数首，以验积理之多寡，养气之盛否。不可一味耽着，最易溺心丧志。

学而时习之，不亦说乎？前面说了学习新知识，这条讲复习已有知识。每个月必须做诗歌或短文数首，用来检验所学理论是多还是少？所培养正气是否充盛？不可一味懒惰迟延，这样最容易使自己的远大志向丧失殆尽。

11. 作字：早饭后作字半时。凡笔墨应酬，当作自己课程。凡事不待明日，愈积愈难清。

早饭后必须练习书法一小时。所有文字方面的应酬，都可以作为练习书法的机会。凡是今天的事情，一定不许留待明天去做，事情越积越多，就会越难以清理。

12. 夜不出门：旷功疲神，切戒切戒！

晚上出门应酬玩乐，会使人荒废修养功夫，精气耗损、神情疲惫。所以，这种不良习气必须彻底戒除！

除了以上十二条，曾国藩在《家书》中还多了一条：“写日记：须端楷。凡日间过恶：身过、心过、口过，皆记出。终身不间断。”这条记载的是日记之法，是他对自己的要求。现在通行版的曾国藩修身十二课里面没有这一条。

这十二课订立后，曾国藩终生践行之，从此之后，他的读书、修养都大有进步。

曾国藩的修身十二课涉及很多方面，对我们今天有很高的参考价值，不论站在什么立场，处在什么社会地位，看了后都会有启发。就拿最后一条“夜不出门”来说，曾国藩除非有公务或实在推不开的应酬，下班后一般都待在家里看书写字，这和当时的人晚上忙于应酬差别很大，也是曾国藩不同于他人的重要原因。其实，晚上忙于应酬不但占用休息时间，而且会把人搞得很累，影响第二天工作，如果白天工作忙，晚上应酬忙，也会没有时间看书。现代有一种观点，看一个人怎么样，主要看他业余时间在忙什么，工作时间大家都一样，都在忙工作，业余时间才能看出人与人的差别。

1932 年，现代著名学者胡适对当年的大学毕业生说：“一个人成就怎样，往往靠他怎样利用他的闲暇时间。他用他的闲暇来打麻将，他就成了个赌徒；你用你的闲暇来做社会服务，你也许成个社会改革者；或者你用你的闲暇去研究历史，你也许成个史学家。你的闲暇往往决定你的终身。英国十九世纪的两个哲人，弥儿（MILL）终身做东印度公司的秘书，然而他的业余工作使他在哲学、经济学、政治思想史上都占一个很高的位置；斯宾塞（SPENCER）是一个测量工程师，然而他的业余工作使他成为 19 世纪晚期世界思想界的一个重镇。古来成大学问的人，几乎没有一个不善用闲暇时间的。特别在这个组织不健全的中国社会，职业不容易适合我们的性情，我们要想生活不苦痛不堕落，只有多方发展。”我们现在做的工作，很多也都不适合我们的性情，要想不痛苦不堕落，就应像胡适说的那样，利用闲暇时间来多方发展自己。

哈佛有一个著名的理论：人的差别在于业余时间，而一个人的命运决定于晚上 8 点到 10 点之间。每晚抽出两个小时的时间用来阅读、进修、思考或参加有意的演讲、讨论，你会发现，你的人生正在发生改变，坚持数年之后，成功会向你招手。

四、修身五箴

道光二十四年三月，曾国藩在写给六弟、九弟的信中，附上了自己在京所作的《五箴》。《五箴》是曾国藩修身立志的进一步深化，他说，年少的时候不立志、不行道，等时光逝去，会后悔的。“古人在我这个年纪的时候就已经学有所成了，而我还碌碌无为，心中不甚悲切，长此下去，将会更加不堪。疾病可以让人懂得医理之智，安逸却会让人身心受损，我才能只有中等，生活比较安顺，没有那么多困苦用来磨砺自己，在这种情况下，要立志刻苦学习、不断提升自己，将会是很难的事情，为了能坚定信心，做《五箴》以自励自勉。”曾国藩对自身有清醒认知，深刻认识到自己只有中人之材，要想成功，就须抛弃不切实际的幻想，从下苦功夫开始。

（一）立志箴

“煌煌先哲，彼不犹人？藐焉小子，亦父母之身。聪明福禄，予我者厚哉！弃天而佚，是及凶灾。积悔累千，其终也已；往者不可追，请从今始！荷道以躬，兴之以言；一息尚存，永矢弗谖。”

历史上的圣贤，他们都是人，我也是人，圣贤能做到的，我也要立志做到。上天给我的福禄已经很厚了，但惯于安逸享乐，就会招致灾祸。立志修身以来，对自己有过不下千次的痛骂、悔恨，现在是中止这种情况的时候，逝去的岁月无法挽回，那就从今天开始吧。要以道自任，并发扬它，只要一息尚存，就永不停止。

（二）居敬箴

“天地定位，二五胚胎；鼎焉作配，实曰三才。严恪齐明，以凝汝命；汝之不庄，伐生戕性。谁人可慢？何事可弛？弛事者无成，慢人者反尔。纵彼不反，亦长吾骄；人则下汝，天罚昭昭。”

开天辟地后，天地阴阳分开，万物化育，人秉持仁义礼智信而生；天地人三足鼎立，被称为三才；天地之理整齐严明，也是人的性命所在，如果不遵循，性命就会受到破坏；要严格遵循，没有人和事可以怠慢、放弛，否则只会伤害到自身；即使这种伤害暂时没有到来，也会助长骄气，从而让别人看不起，这也是天理昭昭的表现吧。

（三）主静箴

“斋宿日观，天鸡一鸣。万籁俱息，但闻钟声。后有毒蛇，前有猛虎，神定不慑，谁敢予侮？岂伊避人？日对三军。我虑则一，彼纷不纷。驰骛半生，曾不自主；今其老矣，殆扰扰以终古！”

每天的黎明，就像上天在叫醒人们，这个时候天地很安静，只能听到晨钟的声音。在黎明的时候静坐，是比较好的时刻，虽然也难免心神不定，但即使是前有猛虎、后有毒蛇，也不能退避，要坚持排除杂念，做到思虑安定；每天和杂念斗争就像三军打仗一样，只要自己保持思虑安定，即使杂念在纷扰，也不要为之所动。我半辈子都没有做到这一点，现在年纪不小了，不能就这么终老，因此要立志做主静的功夫，以求思虑安定。

（四）谨言箴

“巧语悦人，自扰其身；闲言送日，亦搅汝神。解人不夸，夸者不解；道听途说，智笑愚骇。骇者终明，谓汝贾欺；笑者鄙汝，虽矢犹疑。尤悔既从，铭以自攻；铭而复蹈，嗟汝既耄！”

花言巧语能取悦于人，也会给自身带来灾祸；每日热衷闲言碎语，会搅乱心神；理解的人不会到处炫耀自己，到处炫耀的人不是真正理解的人；那些道听途说的东西，让智者笑话，让愚者惊骇。惊骇的人弄清原委以后，会说你欺骗。笑话你的人会鄙视你，即使你很直率也会怀疑你；类似这样的问题，自身有不少，现在想来悔恨交集，一定要加以改正；如果以后还再犯，那说明自己已经老得没有用了。

（五）有恒箴

“自吾识字，百历及兹；二十有八载，则无一知。曩者所忻，阅时而鄙，故者既抛，新者旋徙。德业之不常，是为物迁；尔之再食，曾未闻或愆。黍黍之增，久乃盈斗；天君司命，敢告马走。”

我五岁上私塾，开始读书认字，到现在也算经历了不少事、看了不少书，不过二十八年来，感觉自己还是一无所知；以前所学的，现在放弃了，但新的知识又没有学到。自己的学问道德没有坚持，反而随外物而变动；做事贵在有恒，一粒一粒的黍积聚起来，时间长了能装满一斗；掌握命运的天神啊，我要在你面前立志。

《五箴》吸收了宋明理学的思想，并有所创新。从《五箴》中，能看出曾国藩的抱负，他立志做一个“以道为己任”的圣贤，并要求自己从静坐、守礼、谨言、有恒四个方面来做。在封建时代，大多数读书人的目标是当官，因此一旦科举考中进士后，便不再以读书修身为主，转而融入官场的大杂烩中，整日觥筹交错、声色犬马。而曾国藩不一样，他在北京生活几年后，真正开阔了在学问上的眼界，了解了圣贤学问是怎么回事，也交了很多好朋友。他感觉自己以前学的八股文都是为了考试，不是真正的学问，几乎没有什么益处，有鉴于此，他立志学圣贤，并在师友的督促和帮助下，很快就取得了进步，前面的修身十二课，这里的《五箴》，都是他给自己读书修身定下的目标和要求。曾国藩这样的人在当时也很少，因此，他的举动引起了越来越多人的关注，名气也越来越大，皇帝也喜欢上了这个朴实勤学严谨的湖南青年，对他连连破格使用。从这里来看，曾国藩的成功不是偶然的，没有刻苦努力，就不会有后来的成就。

五、深刻反省戒骄戒傲

骄傲自满是人生第一大忌。在四位弟弟中，六弟才华最高，也最有傲气，曾国藩曾说，几位弟弟中，四弟九弟在读书上虽然进步慢，但也不会有自满情绪，只有六弟最让人不放心，他请父母多教教六弟，不要使他夜郎自大。

道光二十四年，曾国藩在家信中以戒傲气来劝弟弟们进学：“吾人为学，最要虚心。我曾经见到朋友中有自身条件不错的，但恃才傲物，动不动就说别人不如自己，既瞧不起同辈的学子，也瞧不起考官，所以始终不能进步。我们家族的三房十四叔，不是读书不勤奋，但因为傲气太盛，自满自足，所以一直都没有什么成就。在京城里面，自我满足的人太多，真正明白的人看到了，往往会冷笑一声。还有那些自诩名士的人，喜欢到处写诗、发文章视功名为粪土，自以为压倒一切，但真正有识见的人看了，也只会冷笑对之。所以，我们读书要戒傲气、戒自我满足，不要让别人冷笑以对，这样才能有进步。”

在办团练的最初几年中，曾国藩饱受挫折，同僚们也不喜欢他。咸丰八年,他对自己的行为进行了反省,认为导致这种情况的原因是自己身上有傲气。他把自己的心得告诉弟弟们，让他们也戒掉傲气。他在信中说：“导致失败的不良品行有不少，但两条非常关键：骄傲和多言，历史上声名显赫的人物，大多是因为这两条而致败的。为兄有时候也有傲气，虽然平时话不多，但笔下却多言，近来认真反省，觉得自己招人厌的原因不外乎这两个方面。六弟性格和我相似，但言语上更为尖刻。另外，凡是有傲气的人，不一定都多言，也有表现在气习上的，有傲气凌人之势。六弟的神气，有英姿勃发之势，但面色之间有蛮横之相，最容易盛气凌人。心中不可有所依恃，有所依恃就会表现在脸上。以门第来说，我的威望已经大减，时常担心家族子弟受到牵连；以才识来说，近来军中人才辈出，弟弟们也并没有过人之处，因此，门第和才气都不足恃，应该加强自身的修养，从言忠信、行笃敬上入手，来改正自身的不足，让自己焕发新的气象，否则别人会越来越厌烦。九弟处世谨慎，很是稳妥，六弟则常常讥讽别人，不可不反省。”

六弟曾国华和九弟曾国荃，是天分最高的两个，但彼此间性格差异很大，一个处事沉稳，一个性格跳脱，一个做事踏实，一个难以沉下心来。而这两种性格，也导致了两人不同的命运。曾国藩办团练后，几位弟弟先后在军中效力，曾国荃作战谨慎、勇猛，立下了多次战功，成为曾国藩手下的猛将，并最后率兵攻克南京，封为伯爵，后官至两江总督。六弟曾国华作战容易轻敌冒进，且听不进别人的意见，咸丰十年，中了太平军的诱敌之计，在三河口战役中身亡。

曾国藩属于白手起家，几个弟弟也经历过困苦，但下一代的子侄们，则属于官二代、富二代，曾国藩在教导他们时，也特别注重戒傲气、骄气。

“后辈子侄，总宜教之以礼。出门宜常走路，不可动用舆马，长其骄惰之气。一次姑息，二次、三次姑息，以后骄惯则难改，不可不慎。”

咸丰十年，儿子曾纪泽从老家来探望父亲，临行前，季弟曾国葆给了二百两银子，这笔钱虽然在曾家不算多，但可以抵得上一个私塾老师的三年多工资，曾国藩知道后，写信给曾国葆，表示对子侄骄气的担忧。“你给他二百两银子，太多了。我在京城十四年，还从来没有一次得到这么多钱的馈赠，也从没有以这么多钱馈赠别人，这里面虽然有我交友太寡的原因，但也是这笔钱确实不小，一般人给不起。我们家的后辈子弟，全未经过艰苦生活，现在眼光高，口气大，在家使唤仆人和婢女，已经成为自然习惯，骄傲之气深入骨髓而不自觉，我深为忧虑。子侄们生下来之后，都是使唤别人，凌驾于别人之上，从来没有被别人使唤过，更不像我们吃过苦，这种情况要警惕。”

谚云：“富家子弟多骄，贵家子弟多傲。”曾国藩认为，锦衣玉食的人，不一定要到动手打人的境地，才算有了骄气，志得意满、毫无畏忌，开口议人长短，就是极其骄气、极其傲气。

从当时情况来看，曾国藩对下一代的忧虑不无道理。咸丰十年，曾国藩升任两江总督，手握东南四省军政大权，三个弟弟曾国华、曾国荃、曾国葆在军中效力，也是手握重兵的实权派，在家族方面，曾家已经成为湖南第一家族，在当地有重要影响力，四弟曾国潢也是家乡团练的负责人，平时出门都有大批兵勇跟随。在这种环境中成长的曾家下一代，其生活环境显而易见。但曾国藩是具有历史意识和深谋远虑的人，他从历史上看到，大凡这样的家庭，子孙都很难保有富贵，如果子孙养成了骄奢习气，再大的家业也会很快败光，所以，他特别注重对子侄生活习气的培养，在曾国藩教育下，曾家的子孙都没有官宦人家的习气，反而代代有贤才。

六、求缺斋和无慢室

道光二十三年，曾国藩被任命为四川乡试主考官，考试完后，当地官员及中举的士子按惯例都送了些钱给他，加起来有千两左右，曾国藩把这些钱寄回老家，并注明“六百两作为家里还债和日常生活之用，四百两用来接济亲戚”。不过，几位弟弟认为，自己家也不宽裕，不同意用四百两接济亲戚。曾国藩坚持自己的观点，曾家兄弟间通过信件进行了来回的辩论。

曾国藩在回信中进一步阐明了接济亲戚的理由，除了有些亲戚确实生活艰辛外，他还在写给祖父母的信中说出了更为重要的原因：

“我家气运太盛，不可不格外小心，以为持盈保泰之道，旧债尽清，则好处太全，恐盈极生亏，留债不清，则好中不足，亦处乐之法也。”

曾国藩仕途很顺畅，在京城的民望也越来越高，不过，在地位增长的同时，越发小心谨慎，凡事不敢享用过度，生怕物极必反，在给祖父母的信说出了心中的真实担忧。

在给弟弟的信中，他说：“诸弟都要比我小十岁或以上，见诸亲戚家皆穷，而我家尚好，以为本来就如此，而不知其初，亲戚家和我家都一样兴盛，我看到过亲戚家光景好的时候，现在看到他们这么艰辛困苦，更加体悟到人世的盛衰之理，盛衰关键在气象，而不是财富，气象盛则虽饥亦乐，气象衰则虽饱亦忧，我家现在处于全盛之时，要格外注意。”

“兄尝观《易》之道，察盈虚消息之理，而知人不可无缺陷也。日中则昃，月盈则亏，天有孤虚，地阙东南，未有常全而不缺者。”

学习《易经》，体悟其中的兴衰盈虚之道，明白人生不可能什么事情都完满，人不可能没有缺陷，否则就要走下坡路，正所谓日中则昃，月盈则亏。正是在这种认识下，曾国藩说，君子学易经，要明白趋吉避凶、兴衰盈虚的道理，越是处顺境、越是成功，越要去发现自己的不足和缺点，并保持警惕，不让它们引起致命的错误。君子要守缺，不要求全，因为只有守缺，才能常保富贵。

君子有所缺，才能有所全，不可能十全十美，小人总想求全，总想十全十美，这是愚蠢的想法，一旦完满了，也就是灾祸来临的时候。

曾国藩对弟弟们说，如今我们家祖父母、父母都在，兄弟和睦，我的事业也很顺畅，多次被破格使用，人生很完美，现在但求缺陷，以保家庭的这种和谐幸福状况。为此，他把自己的书房改名为“求缺斋”：

“盖求缺于他事，而求全于堂上。”

怎么求缺呢？家里的债务，他不一次还清，祖父母、父母的衣服，不能买太多，弟弟们所需物品，不能都满足。妻子不明白这个道理，时时欲买衣物，他就经常讲这个道理，并庆幸说，幸好没有备齐，否则，等备齐之后，灾祸就会随之而来。他还教导弟弟们，即使你们的妻子在家里想置办衣物，也不能都答应，要慢慢来，不能一次都备齐。

在把书房改为求缺斋之后，他订立了求缺斋课程。

求缺斋课程

日课：读熟读书十页，看应看书十页，习字一百，数息百入“八”，记过隙影即日记，记茶余偶谈一则。

熟读的书有：易经、诗经、史记、明史、屈子（屈原）、庄子、杜诗（杜甫的诗）、韩文（韩愈的文章）。

月课：逢三日写回信，逢八日做诗、古文一艺。

曾国藩很用功，在繁忙的工作之余，还给自己制定了详细的读书学习计划，其修身求学精神在当时也不多见。道光二十五年，他写了一篇《求缺斋记》，把上面的思想再完善，更加明确自己的志向：对外在的荣誉、身体的享乐求其缺，而对内心的道德体验求其全。

《求缺斋记》作于曾国藩事业蒸蒸日上之时，集中体现了曾国藩求缺、不追求完美、注重自律的思想，享誉晚清政坛、文坛。文章不长，但很经典，也不难懂，这里附上全文，供读者诸君细细体会。

求缺斋记

国藩读《易》至“临”，而喟然叹曰：刚侵而长矣，至于八月有凶，消亦不久也，可畏也哉。天地之气，阳至矣，则退而生阴，阴至矣，则进而生阳。一损一益，自然之理也。

物生而有嗜欲，好盈而忘阙。是故体安车驾，则金舆鏓衡不足于乘；目辨五色，则黼黻文章不足于服。由是八音繁会不足于耳，庶羞珍膳不足于味。穷巷瓮牖之夫，骤膺金紫，物以移其体，习以荡其志，向所搤捥而不得者，渐乃厌鄙而不屑御，旁观者以为固然，不足訾议。故曰：位不期骄，禄不期侈，彼为象箸，必为玉杯，积渐之势然也。而好奇之士，巧取曲营，不逐众之所争，独汲汲于所谓名者，道不同不相为谋。或贵富以饱其欲，或声誉以厌其情，其于志盈一也。夫名者，先王所以驱一世于轨物也。中人以下，蹈其不实，于是爵禄以显驭之，名以阴驱之，使之践其迹，不必明其意。若君子人者，深知乎道德之意，方惧名之既加，则得于内者日浮，将耻之矣。而浅者哗然惊之，不亦悲乎？

国藩不肖，备员东宫之末，世之所谓清秩。家承余荫，自王父母以下，并康强安顺。孟子称“父母俱存，兄弟无故”，抑又过之。《洪范》曰：“凡厥庶民，有猷有为有守，不协于极，不罹于咎，女则锡之福。”若国藩者，无为无猷，而多罹多咎，而或锡之福，所谓不称其服者欤？于是名其所居曰“求缺斋”，凡外至之荣，耳目百体之嗜，皆使留其缺陷。礼主减而乐主盈，乐不可极，以礼节之，庶以制吾性焉。若夫令闻广誉，尤造物所靳予者，实至而归之，所取已贪矣，况以无实者攘之乎？行非圣人而有完名者，殆不能无所矜饰于其间也。吾亦将守吾缺者焉。道光二十五年五月曾国藩谨记。

中国古往今来的帝王将相中，懂得求缺的人不多，很多人有所成就后就贪图享乐、极尽奢华，或者事事都要最好的，这些人，要么自身晚年泰极否来，要么自己能善终，但子孙不懂得求缺，家业很快就败落。曾国藩把书房改为“求缺斋”时，正是事业蒸蒸日上的时候，他能在上升途中就看到这一点，说明了他的过人之处。

在把书房改为“求缺斋”后，他还把会客室改为“无慢室”，时时提醒自己不要怠慢了客人。“无慢”一词，出自《论语·尧曰》：

“君子无众寡，无大小，无敢慢，斯不亦泰而不骄乎。”

君子待人，无论对方人数多寡、势力大小，都恭恭敬敬不敢怠慢。“无慢室”门前贴有曾国藩手书的对联：

“万卷藏书宜子弟，一尊满意说桑麻”

表达的就是要与老家父老亲朋融洽无间，不因彼此地位不同而有所怠慢，不在他们面前摆架子的“无慢”之意。曾国藩去世后，曾纪泽把老家的会客室命名为“无慢室”，不仅寄托怀念之情，也谨铭父亲之教。

七、悔字诀与硬字诀

悔是反省的深化，当反省到自己做错了之后，就会后悔，进而加以补救、改正，从而取得新的进步。悔不可耻，可耻的是做错了却死不悔改，曾国藩的悔字诀正是在这个意义上建立的。

悔是悔过自新。宋代大理学家朱熹说过，“悔”字就像春天一样，孕育着生机。曾国藩说：“我早年的时候自负很高，认为自己能屈能伸，能行能藏，最见不得别人的不是，经过办团练早期的困顿，四十七八岁的时候彻悟了，知道自己并没有什么过人的地方，开始能看到并欣赏别人的优点。自那次彻悟后，又过了九年，感觉自己和四十岁之前有根本不同，无论是否能立能达，都能坦然面对，不会怨天尤人。所谓能立能达，立是发奋自强，能站得住，达是办事圆融，能行得通。秉承悔字诀，没有什么是不能挽回的。”他还举了左宗棠的例子，左宗棠早年也是很要强、清高，看不起别人，因此得罪了很多人，近年来悔过自新，变得十分谦虚，他对此非常敬佩，还让九弟向左宗棠学习。

和悔字诀相对的是硬字诀。对自己做错的事情，曾国藩进行追悔，并加以改正，而认为是对的事情，他表现得很倔强，即使再难也咬牙坚持，不轻易放弃。

曾国藩的倔强，受了母亲的影响。他的母亲江太夫人比较要强，曾国藩的父亲常以“人众家贫为虑”，而江氏总是“好作自强之言”相劝，或用“谐语以解劬苦”。她常对丈夫说：“吾家子女虽多，但某业读，某业耕，某业工贾。吾劳于内，诸子劳于外，岂忧贫哉？”曾国藩继承了母亲的性格，敢与困难周旋，有倔强之气。晚年时，曾国藩说，他们兄弟秉承母德居多，好处是天性“倔强”。“‘倔强’二字，却不可少，功业文章，皆须此二字贯注其中，皆从‘倔强’二字做出。”曾国藩在家书中说：

“吾自服官及近年办理军务，中心常多郁屈不平之端，每效母亲大人指腹示儿女曰‘此中蓄积多少闲气，无处发泄’。今年二月在省城河下，凡我带之兵勇仆从等人，每次上城，必遭毒骂痛打，吾惟忍辱包羞，屈心抑志，以求军事之万有一济。”

如果说，悔后改正，可以使自己进步，那么，咬牙坚持，硬撑到底，也会锻炼人的意志，并从中获得进步。曾国藩的一生，受到的挫折很多，困境很多，但他忍辱包羞、屈心抑志，都坚持了下来。在日记中，他写道：

“吾生平长进全在受挫受辱之时，务须咬牙励志，蓄其气而长其智，切不可颓然自馁也。”

更著名的话是“好汉打脱牙和血吞”。这句话是曾国藩年轻时，穆彰阿送给他的，也是穆彰阿多年为官做事的心得，意在教导曾国藩遇事要忍耐，哪怕吃亏受辱，也要忍耐，并在忍耐中寻找机会。同治六年，九弟曾国荃在军事上失利，加之在官场上受了委屈，就写信给曾国藩，告诉了自己的苦闷状况。曾国藩在开导他时，传授了自己“好汉打脱牙和血吞”的心得。

事情的背景是：同治六年，曾国荃任湖北巡抚后，和捻军作战，遭遇了郭军之败、三县之失两次败仗，心情比较低沉，更郁闷的是，巡抚衙门竟然着火了。他到湖北就任后，因为大力裁减当地军队，招募湘军替代之，引起了顶头上司、时任湖广总督官文的不满，官文经常给曾国荃难堪。对于巡抚衙门着火事件，曾国荃以为不是土匪就是仇家放的火，并猜疑是官文故意找人放的火。曾国藩知道后，便去信进行劝导，谈了自己对此事的看法。他说："巡抚衙门着火，万幸没有人受伤，财物也损失不大，只是人受到了惊吓而已。衙门建筑都是木质结构，本来就容易着火，不要胡乱猜想。以后但凡遇到这种事情，只可说是仆人失误导致，不能说是土匪或其他什么人的阴谋，如果大惊小怪，胡乱猜疑，不但徒增事端，也会成为别人的笑柄，堂堂巡抚衙门被土匪放火，别人知道后会嘲笑的。"曾国藩用"好汉打脱牙和血吞"进行劝说，并说这是身处逆境的良方，让他多加忍耐。

"'怄气从不说出，一味忍耐，徐图自强。''好汉打脱牙和血吞。'此二语是余生平咬牙立志之诀，不料被李申夫看破。余庚戌、辛亥间为京师权贵所唾骂，癸丑、甲寅为长沙所唾骂，乙卯、丙辰为江西所唾骂，以及岳州之败、靖江之败、湖口之败，盖打脱牙之时多矣，无一次不和血吞之。弟此次郭军之败、三县之失，亦颇有打脱门牙之象。来信每怪运气不好，便不似好汉声口。惟有一字不说，咬定牙根，徐图自强而已。"

李申夫是曾国藩的部下，曾任湖南布政使，敬佩曾国藩怄气从不跟人说，一味忍耐、徐图自强的精神。曾国藩提到的四次被打脱牙经历，分别是：

第一次，22 岁的时候，考秀才，被主考官嘲笑文理粗浅，虽然最后还是以佾生注册，获得下次考试免初试的资格，但被主考官嘲笑，曾国藩引为平生耻辱。

第二次，道光皇帝去世后，咸丰皇帝继位，年轻的皇帝刚继位，雄心勃勃，下诏求言，曾国藩上了一道《应诏陈言疏》，建议皇帝举行"日讲"，即通过加强学习，扭转官场的泄沓之风，同时改革官员选拔办法，使进取之员有机会脱颖而出。这道奏折获得了皇帝的赞赏，皇帝让他详细说说"日讲"的事情，于是曾国藩精心准备讲稿，并且画了一张讲堂布局图。不过他本不擅画，这张图画得相当难看，当时看过这张图的官员，很多都嘲笑他，说他水平不高，是自取其辱，这让曾国藩很难堪。

第三次，曾国藩在湖南办团练之初，气势很高，但几次对太平军的战斗无不战败，尤其是靖港惨败，水师遭受重创，曾国藩自己也跳水自杀，幸亏被手下及时救上来。当时湖南官场的许多官员本来就对曾国藩平日到处插手的做法很不满，因此，靖港惨败之后，对曾国藩进行了冷嘲热讽。被逼无奈，曾国藩只能把部队驻地从长沙迁到衡阳。

第四次，曾国藩在江西和太平军作战期间，和当地官员相处不快，且又为皇帝所猜忌，当地官绅大都笑话他，他的兵勇也时常被打骂。他忍辱负重，坚持下来。

被多次嘲讽后，曾国藩彻悟了很多，再也不敢自以为是，开始敬畏人言、敬畏天命，不过这些都要从磨砺中来。

九弟曾国荃自从在军中效力后，因为曾国藩的照顾，加上自己带兵有一套，走得一直都比较顺，并打下了太平军的老巢，可以说立下盖世奇功，但这个时候，他有点自我膨胀，总觉得自己功劳很大，朝廷给的封赏不足，因此牢骚满腹，并时常抑郁不乐，在湖北任巡抚后，和当地官员，尤其是和顶头上司相处不好。曾国藩写信告诫他，遇事多加忍耐，带兵打仗和在地方为官区别很大，部队里面可以直来直去，但在地方为官却不行，不能事事都按照自己的心意来。

八、在自修处求强

养活一团春意思，撑起两根穷骨头。

曾国藩认为，自强很重要，古来帝王将相都是从自强中得来，即使是圣贤也有自己的自强之道。有自强之道，才能独立不惧，坚忍不拔。

不过，关于什么是自强之道，曾氏兄弟之间的意见有分歧，九弟曾国荃认为有权有势就是强，而且这个世界就是势利的天下，以强凌弱的天下，因此，自强之道就是不断扩大自己的权势，从气势和力量上压倒别人。曾国藩承认九弟说的有一定道理，自己早年在京城的时候也这样，喜欢与有大名声、大地位的人作对，总想在气势上压倒别人。不过，近来他悟出天地间的道理，需要刚柔互用，不可偏废，太柔就会糜烂，太刚就会折断。

“刚非暴虐之谓也，强矫而已；柔非卑弱之谓也，谦退而已。”

九弟认为命运由自己做主，需要自强，而且自强的人，每每棋高一着。曾国藩认为，命运由自己做主，这话不错，但国家强盛，必须有许多贤臣；家族强盛，必须有许多贤才，而这些关系到天命，不尽在于人谋。对一个人来说，也要谋事在人、成事在天，凡事都要顺应自然，不可强求。

曾国藩认为，人的自强之道，不外乎孟子提出的北宫黝的勇敢、孟施舍的仁厚、曾子的义理三种。真正的强不是外在的，而是内心的坚定，特别是经过反省后的坚定，会有一往无前的气势。

《孟子·公孙丑上》有一段孟子关于何为勇敢的话。

“北宫黝之养勇也：不肤桡，不目逃，思以一毫挫于人，若挞之于市朝；不受于褐宽博，亦不受于万乘之君；视刺万乘之君，若刺褐夫；无严诸侯，恶声至，必反之。孟施舍之所养勇也，曰：‘视不胜犹胜也。量敌而后进，虑胜而后会，是畏三军者也。舍岂能为必胜哉？能无惧而已矣。’孟施舍似曾子，北宫黝似子夏。夫二子之勇，未知其孰贤，然而孟施舍守约也。昔者曾子谓子襄曰：‘子好勇乎？吾尝闻大勇于夫子矣：自反而不缩，虽褐宽博，吾不惴焉；自反而缩，虽千万人吾往矣。’孟施舍之守气，又不如曾子之守约也。”

北宫黝是齐国的勇士，他锻炼勇气的方法是，肌肤被刺而不躲闪，眼睛被戳都不眨一眨。别人对他有一点点侵犯，在他看来，都像是在大庭广众下被鞭打一样，不能忍受。对于侮辱，无论是来自卑贱的人，还是来自大国的君主，他一概不容忍。刺杀一位大国的君主，跟刺杀一个穿粗布衣服的卑贱人，没有什么两样。对于诸侯，他毫不惧怕，挨了骂就一定要回击。

孟施舍培养勇气的方法有所不同，他作战时非常谨慎，无论敌人是否强大，都当作强敌来对待，只有在确定能够取胜的情况下才会和敌人交锋，如果遇到数量比自己多的军队，就会感到恐惧，生怕敌人比自己强大，不过他内心没有恐惧，所以每战必胜。

曾子是孔子的弟子，非常善于反省，他的名言是“吾日三省吾身”。有一次，曾子对朋友说：“你希望能勇敢吗？我从老师孔子那里听到关于勇敢的教导：如果反躬自省，觉得正义不在我这一边，那么，即使对方是一个卑贱的人，我也不会去恐吓他。如果反躬自省，觉得正义的确在我这一边，那么，对方纵然有千军万马，我也会勇往直前。”

北宫黝的勇类似莽夫之勇，只懂得进，不懂得退，孟施舍的勇权衡了双方力量，且能保持一种无所畏惧的气势，曾子则把勇气建立在反省的基础上，一旦经过内心反省，认为自己应该坚持去做的事情，就没有人能够改变他的主意。

曾国藩对北宫黝的勇、孟施舍的勇都不认同，认为斗勇斗力的强，有的因此兴盛，也有的因此失败。古来如李斯、曹操、董卓、杨素，他们的智力都横行独秀于一世，他们的祸败也与寻常人大不一样。近世那些自我称雄的人，都得不到善终。所以在自修方面求强可以，在与人争胜负时求强则不可以。如果专门在争胜人的地方求强，能强到底吗？这不可知，即使终身强横安稳，也是君子所不屑一提的。

在曾国藩看来，人身处逆境，要自强，但这种自强不是一味地强硬、硬撑，而是要对自身进行深刻的反省，从自己身上找原因，并积极加以改进。改进的过程即是修身、进德的过程，让自己变得更加内心坚定、行事圆融，让自己更加坚忍不拔，这样通过自修得来的强才是真正的强大。

第七章

家风七：恕

恕由两个字组成：如和心，中国哲学家认为“恕”的含义正如其字形结构所要表达的那样是：如己之心。恕是和敬相对的，敬是严，恕是宽，中国古人一般敬恕同修，南宋朱熹说，“敬以持己，恕以及物，则私意无所容，而心德全矣。”曾国藩对敬恕之道非常推崇，他在家书里明确指出，“作人之道，圣贤千言万语，大抵不外敬、恕二字。”一个人若能真正做到，敬持己身，恕待他人，则在社会上可立可达。

“恕”道是古代家教、家训的重要内容。范纯仁是范仲淹的次子，后担任宰相，他每每诫勉子弟“人虽至愚，责人则明；虽有聪明，恕己则昏。苟能以责人之心责己，恕己之心恕人，不患不至圣贤地位也”。《颜氏家训》要求“妯娌相处贵在恕己而行”。曾国藩把“恕”作为八德之一，要求子弟遵守，并进一步提出“善莫大于恕”、“恕致祥”的观点。

“恕”由两个字组成：如和心，中国哲学家认为“恕”的含义正如其字形结构所要表达的那样是：如己之心。在人与人的交往中，在处理人际关系时，要从己心来忖度人心，推己及人、换位思考，从自身出发，以自身观照他人，自己不想要的不要强加给别人，“己所不欲勿施于人”。更进一步，自己想要的也是别人想要的，“己欲立而立人，己欲达而达人”，要懂得成全别人。

中国有厚德载物的传统，《国语·晋语六》记载：“唯厚德者能受多福，无福而服者众，必自伤也。”厚德要求秉承“恕”道，只有具备“己所不欲勿施于人”“立人达人”的精神，才能成为一个厚德者，才能获得别人拥护，成就一番事业！对一个家族来说，只有秉承恕道，才能获得认可和尊重，才能维持和谐的内外关系，才能保持长盛不衰！

一、孔子与儒家的恕道

恕道是孔子提出来的。《论语》中明确提到“恕”的地方有两处，第一处在《论语·里仁第四》章中：

子曰：“参乎！吾道一以贯之。”

曾子曰：“唯。”

子出。

门人问曰：“何谓也？”

曾子曰：“夫子之道，忠恕而已矣。”

曾子是孔子的得意弟子，在其他门人还没有理解的时候，他就已经明白了老师的意思，他把老师的主要思想归纳为两个字：忠和恕，虽然我们今天看不到孔子对这一归纳的评价，但从《论语》全书及孔子本人的思想来看，这一归纳是中肯到位的。

在孔子去世之后，曾子和孔子的另外一个弟子有子共同组织门人编辑老师的语录，即《论语》。曾子还编写了另外两部儒家的重要经典《大学》和《孝经》。

第二处是在《论语·卫灵公第十五》章中：

子贡问曰："有一言而可以终身行之者乎？"

子曰："其'恕'乎！己所不欲，勿施于人。"

这个问题是大哉问，回答得很经典！孔子是教育大师，他总能根据学生的情况来因材施教。

子贡是孔子的得意弟子，同时也是个商人、外交家，才华横溢，善于辩论，且有干才，办事通达，但在性格上有骄纵、自私的一面，别人对他好时，他会看人不顺眼，觉得是有所图，别人远离他，又会埋怨别人。关于子贡身上的毛病，从《史记·仲尼弟子列传》记载的一个故事就能看出。

孔子卒，原宪遂亡在草泽中，子贡相卫，而结驷连骑，排藜藿入穷阎，过谢原宪，宪摄敝衣冠见子贡。

子贡耻之，曰："夫子岂病乎？"

原宪曰："吾闻之，无财者谓之贫，学道而不能行者谓之病。若宪，贫也，非病也。"

子贡惭，不怿而去，终身耻其言之过也。

原宪是孔门七十二贤之一，一生安贫乐道，不与世俗合流。孔子去世后，他的弟子分散到各地，其中原宪隐居在民间，过着清贫的生活，子贡则当上了卫国宰相，位高权重，平时出门都是坐四匹马拉的车。有一天，子贡坐着驷马高车，前呼后拥，浩浩荡荡来看望原宪，因陋巷狭窄高车无法通过，只好下车步行。原宪衣冠不整的出来和子贡见面。同学见面难免有攀比心，子贡看到原宪穿着非常破旧的衣服，就有点瞧不起原宪，并问他："是不是生病了？"原宪明白子贡的意思，回答说："无财谓之贫，学道而不能行者谓之病，我没有病，只不过穷而已。”子贡听后很惭愧，没待多久就离开了。

另外，《论语》中还有一处虽然没有明确使用恕字，但提到了恕道，出现在《论语·颜渊第十二》章中：

仲弓问仁。

子曰：“出门如见大宾，使民如承大祭。己所不欲，勿施于人。在邦无怨，在家无怨。”

仲弓曰：“雍虽不敏，请事斯语矣。”

仲弓即冉雍，是孔子的得意弟子，他和哥哥冉耕（伯牛）、同父异母弟冉求（子有）皆在孔门十哲之列，世称“一门三贤”。孔子对冉雍的评价很高，认为他的才华足以当一国之君。当冉雍问仁时，孔子便把自己的核心思想进行传授，冉雍听后非常受益，马上就说自己想按照老师的教导去做，想去实践老师的思想。

此外，在另外一本记录孔子言行的古典文献《孔子家语》中，还记载了孔子关于“三恕”的思想。

“君子有三恕：有君不能事，有臣而求其使，非恕也；有亲不能孝，有子而求其报，非恕也；有兄不能敬，有弟而求其顺，非恕也。士能明于三恕之本，则可谓端身矣。”

在这里，孔子对“恕”作了进一步解释。恕道是人际交往的核心原则，有多少付出就会有多少回报，如果自己对上不尽心却希望下属认真办事，不孝顺长辈却希望子女孝顺自己，不尊敬兄长却希望弟弟顺从自己，这都不是恕道，这样的愿望也难以得到满足。

恕道是孔子的重要思想，也是儒家的重要思想。孔子去世之后，中国后世的历代学者都对恕道进行了诠释和解读，从学者们的论述来看，恕道是一种实践方法，特别是实践孔子仁道理想的方法，作为方法的恕道并不是空谈原则，而要落实到生活中具体的事物和关系之中去。

恕道的关键是将心比心，推己及人。南宋朱熹认为“推己之谓恕”“如心为恕”。梁朝皇侃认为“恕谓忖己以度于人也”，唐代孔颖达认为“恕者，外不欺物”，不欺物就是心物一致，也即如心。南宋陈淳认为“恕是就待人接物说，只是推己心之所真实者以及人物而已”。明代邹元标认为“恕者，如心之谓。人只是要如己之心，不思如人之心，如己如人，均齐方正”。人只要考虑自己的心即可，按照自己的心去实践，不需要考虑别人的心，因为人心在道德上都是一样的。

恕道其理简、其行易。一个人行恕道，不需要假借外在的标准和规范，甚至也不需要知人知物，不需要各种知识的积累，只需遵从自己的良心即可。现代哲学家冯友兰在贞元六书之《新世训》中认为，践行恕道就像猜硬币那样方便，就看行者愿不愿意，也正是在这个意义上，孔子认为“我欲仁，斯仁至矣”，只要我们愿意并坚持下去，我们每个人都可以践行恕道，成为一个道德高尚的仁者。

二、强恕而行　善莫大焉

“强恕”语出《孟子·尽心上》：“万物皆备于我矣！反身而诚，乐莫大焉；强恕而行，求仁莫近焉。”

强是勉强、勉力。孟子认为，人自身就具备万物之理，但很多人的心放出去了，没有收回来，他要求收回放心，真诚地反省自身，这样就能体会到莫大的乐趣，体会到真正的快乐。推己及人的恕道，要勉力行之、勉强去做，如果做到这一点，就近乎仁者。

要做到恕道，需要勉强而行的功夫，这种功夫对于那些不是生而知之行之的普通人来说，只能靠日积月累的修炼，在修炼之中不断让行恕成为一种习惯，成为一种态度和能力。曾国藩对此深有心得，他说：

“一日强恕，日日强恕；一事强恕，事事强恕。久之，则渐近自然。以之修身，则顺而安；以之涉世，则诸而详。”

从一日行恕到日日行恕，从一事行恕到事事行恕，这种进步的取得，正是靠的修炼功夫。在这里，已经暗含了“恕致祥”的观点，用恕来修身，人生会变得顺利而安静，用恕来处世，人生会变得祥和。

孟子是儒家心性哲学的重要人物，他认为“尽其心者，知其性也，知其性则知天矣”。心、性、天，三者有紧密联系，后世的儒家学者从心、性、天的三者关系中发展出了认识自身良心就是认识世间之天理，要认识世间之天理就须求诸良心的思想。曾国藩受孟子影响非常大，这体现在恕道上，恕是如己之心、尽己之心，只要尽了自己的心，推己及人，就会有好的结果，就能处理好自己与外部世界的关系。

而要做到如己之心、尽己之心，则需要具备强大的反省精神、反省能力。我们在前面的修身章节中已经讲过，曾国藩认同孟子的养勇说，他和孟子一样认为，真正的勇敢不是北宫黝那样的匹夫之勇，也不是孟施舍“量敌而后进、虑胜而后会”权衡利弊之后没有畏惧的勇，而是曾子那样自反而缩，自己认为对的事情就一往无前的勇，这种勇来源于自身的心性力量，来源于对正义的追求。

曾国藩在什么是强上，也如孟子一样，认为真正的强是来自心性的强，真正强大的人是能战胜自己的人。

古语云自胜之谓强。曰强制，曰强恕，曰强为善，皆自胜之义也。

善于反省自己，改正自身的不足，是真正的强大，强恕也是战胜自己。他进行了具体分析：

如不惯早起，而强之未明即起；不惯庄敬，而强之坐尸立斋；不惯劳苦，而强之与士卒同甘苦，强之勤劳不倦，是即强也。不惯有恒，而强之贞恒，即毅也。舍此而求以客气胜人，是刚愎而已矣。二者相似，而其流相去霄壤，不可不察，不可不谨。

对于不习惯早起的人来说，能够做到未明即起就是强大；对于不习惯保持庄穆的人来说，能做到正襟危坐、一动不动就是强大；对于不习惯劳苦的人来说，能做到与士兵同甘共苦、勤劳不倦就是强大；对于做事没有恒心的人来说，能做到有始有终，就是有毅力，就是强大。

曾国藩认为，一个人如果不能战胜自己，不能改正自己的不足，反而听之任之的话，那么这样的人很少有能成事的。

“若不能勉强而听其自至，以顽钝之质而希生安之效，见人之气类与已不合，则隔膜弃置，甚或加之以不能堪，不复能勉强自抑，舍己从人，傲惰彰于身，乖戾着于外，鲜不及矣。”

曾国藩的恕道就是通过这种勉强而行的功夫形成的。他年轻的时候身上有很多毛病，比如好与人辩论、好责人之过，身上充满戾气，甚至一言不合就会与人动手。例如，道光二十二年十月初九，他和同乡、刑部主事郑小珊发生了嫌隙，并肆口漫骂对方，不久后，郑小珊原谅了他，他却还耿耿于怀，显得不近人情。他在日记中对此事进行了反省：

小珊前与予有隙，细思皆我之不是。苟我素以忠信待人，何至人不见信？苟我素能礼人以敬，何至人有慢言？且即令人有不是，何至肆口漫骂，忿戾不顾？……龃龉之后，人反平易，我反悍然不近人情。恶言不出于口，忿言不反于身，此之不之，遑问其它？

再如，道光二十三年正月初三，他因为一点小事，就对朋友破口大骂：

饭后，语及小故，予大发忿不可遏，有忘身及亲之忿。虽经友人理谕，犹复肆口谩骂，此时绝无忌惮。

道光二十二年、二十三年，是曾国藩修身的关键时期，他能在日记中把这些问题写下来，就足以证明他对修身问题的重视，及对自身毛病的清醒认识。

恕作为一种为人处世的方法，是和敬相对的，敬是严，恕是宽，中国古人一般是敬恕同修，南宋朱熹说：“敬以持己，恕以及物，则私意无所容，而心德全矣。”清代王夫之说：“敬以严乎己也，宽以恕乎物也。”曾国藩对敬恕之道非常推崇，他在家书里明确指出：“作人之道，圣贤千言万语，大抵不外敬、恕二字。”一个人若能真正做到，敬持己身，恕待他人，则在社会上可立可达，也有利于身心健康。

恕是对人宽，主要作用于待人接物，如果对己宽，在自我要求上采用恕道，则是不对的，应该改恕为敬。曾国藩对自我要求进行过反省。他少年的时候就开始抽烟，到北京做官后日益感受到抽烟的坏处，便决定戒烟。为了表示自己戒烟的决心，他曾当众发誓说："从今永不吸烟！"不过，戒烟的过程是痛苦的，在家能做到不抽烟，但出门在外，别人给他敬烟，在"盛情难却"下，照抽不误。道光二十二年十月二十三日，他对自己戒烟经历进行了反省：

乃以初戒吃烟，如失乳旁徨，存一番自恕底意思。此一恕，天下无可为之事矣。

在他看来，戒烟方面存在自恕的问题，如果在自我要求方面采用恕道，那么天下的事情什么都不要做了。应该改恕为敬，"宜守规敬事"。

道光二十三年正月十六日，曾国藩对自己在待人接物方面的恕道进行了反省：

正月十五日接到四弟六弟九弟十二月初五日所发家信，四弟之信三页，语语平实，责我待人不恕，甚为切当。

曾国藩是家中长子，身在京城的他非常关心老家几位弟弟的学业，每次给家里写信，几乎都要涉及这方面的内容，不过曾国藩在指导弟弟们学习时，难免过于严苛、过于理想化，弟弟们对他的这种态度也有意见，四弟认为他"月月书信，徒以空言责弟辈"。弟弟们的反应，让曾国藩很伤心，也非常警醒，"兄读之不觉汗下"，以后的家信中，他更多设身处地为几位弟弟考虑，更多从他们的实际情况来进行教导。

曾国藩中年之后开始领兵打仗，在创办湘军的最初几年，为人还是比较清高，甚至有点愤青，不懂得包容别人的不足和过错，因为看不惯湖南某些地方官的言行，多次上奏折弹劾，这让他得罪了很多人，以至于想在长沙求一个安静的地方都很难，最后不得不带着部队离开长沙。步入 46 岁之后，曾国藩对自己的人生过往进行了深刻反省，更加注重用恕道来修炼自己的行为，他曾在日记中写道：

“务宜敬以持躬，恕以待人。敬则小心翼翼，事勿巨细，皆不敢忽；恕则凡是留余地以处人，功不独居，过不推诿。常常记此二字，则长履大任，福祚无量矣。”

在这种思想认识的作用下，和同僚部下相处中，曾国藩更懂得宽容他人、谦虚退让、立人达人，这让他赢得了大量的好感和支持，为日后的事业成功奠定了基础。

三、以恕教子培植家运

在教育家中子弟方面，曾国藩非常注重教之以恕道。咸丰八年七月二十一日，写给儿子曾纪泽的家信说道：

“孔言欲立立人，欲达达人；孟言行有不得，反求诸已；以仁存心，以礼存心，有终身之忧，无一朝之患。是皆言恕之最好下手者。”

在这段话中，曾国藩对“恕”进行了三种阐释：一是欲立立人，欲达达人，这是孔子的教导。二是行有不得，反求诸已，这是孟子的教导，即行为有不当，或没有达到效果时，不要去责怪他人，要从自身找原因。这是做人的关键，如果一遇到事情就把责任推到别人身上，就很少有人愿意和他做朋友。三是心中始终存仁、存礼，这样与他人交往时，才不会犯失礼的错误，才不会轻易得罪人。终身都以仁、礼修身，时时以没有做到这两个方面而忧虑，就不会有祸患。

“尔心境明白，于恕字或易着功……次立德之基，不可不谨。”

曾纪泽秉性不错，在践行恕道方面，曾国藩认为他做起来不会很难，但也要严谨对待。

咸丰十一年三月初四，曾国藩在家书中进一步提到了“三致祥”的家训：

三致祥曰：孝致祥、勤致祥、恕致祥。

不能宽恕他人，就是拆掉自己要过的桥，相反，宽恕别人就会为自己搭建一座通往成功的桥，并最终成就自己。也正是在这个意义上，他把“恕”列为“三致祥”之一。曾国藩认为，一个在待人接物中宽以待人、善于宽容别人的人，是会受到大家喜爱的，并最终会给自己带来吉祥。

同治十年三月初三，曾国藩在金陵给四弟九弟写信，希望两位弟弟对自己的过失时常予以指正，互相切磋，以勤俭自持，以忠恕教子，让后代子孙除去骄惰之气，保持家族声望。

吾自问服官三十余年，无一毫德泽及人，且愈咎丛积，恐罚及于后裔。老年痛自惩责，思盖前愆，望两弟于吾之过失，时寄箴言。并望互相切磋，以勤俭自持，以忠恕教子，要令后辈洗净骄惰之气，各敦恭谨之风，庶几不坠家声耳。

和九弟曾国荃的聊天中，曾国藩勉励他要从恕道来培植家运。

夜与沅弟论为人之道有四知，天道有三恶。三恶之目曰天道恶巧，天道恶盈，天道恶贰。贰者，多猜忌也，不忠诚也，无恒心也。四知之目，即《论语》末章之知命、知礼、知言，而吾更加以知仁。仁者恕也，己欲立而立人，己欲达而达人，恕道也。立者足以自立也，达者四达不悖，远近信之，人心归之。《诗》云：自西而东，自南自北，无思不服。《礼》云：推而放诸四海而准，达之谓也。我欲足以自立，则不可使人无以自立，我欲四达不悖，则不可使人一步不行，此立人达人之义也。孔子所云：己所不欲，勿施诸人，孟子所云：取人为善，与人为善，皆恕也、仁也。知此，则识大量大，不知此则识小量小。故吾于三知之外，更加知仁，愿与沅弟共勉之。沅弟，亦深领此言。谓欲培植家运，须从此七者致力也。

他在和曾国荃的夜谈中提到了天道和人道，天道有三：恶巧、恶盈、恶贰，为人为事取巧、财富名望福气过满、待人接物多猜忌不忠诚，皆为天所不许。人道有四：知命、知礼、知言、知仁，知命、知礼、知言三者是《论语》中的话，知仁是曾国藩特意补充的，而知仁就是恕道。曾国藩对知仁进行了详细的阐释，他认为仁是己欲立而立人、己欲达而达人，自己欲自立，需要考虑别人，不能使别人无法自立，自己欲自达，需要考虑别人，不能使别人无法自达，如果做到这一点，就会远近信之，就会东南西北四方通达而不悖。他还认为，认识到了恕道的这一层含义，人就会器量宏大，否则会器量狭小。通过深夜长谈，九弟曾国荃认识到培植家运，要从恶巧、恶盈、恶贰、知命、知礼、知言、知仁七个方面来着力。

同治九年六月初四，曾国藩即将前往天津，查办民众殴毙洋人焚毁教堂一案，当时的局势是“外国性情凶悍，津民习气浮嚣，俱难和叶。将来构怨兴兵，恐致激成大变”。这个案子不好办理，弄得不好会激起民变，或引起中外战争，曾国藩“反复筹思，殊无良策”，但朝廷又把这个任务交给了他。曾国藩说自己不惜以死来报效国家，为此，在出发前写好了遗书。在这一天写给纪泽纪鸿的家信中，他以“忮求”二字来教导儿子：

余生平略涉儒先之书，见圣贤教人修身，千言万语，而要以不忮不求为重。忮者，嫉贤害能，妒功争宠，所谓‘怠者不能修，忌者畏人修’之类也。求者，贪利贪名，怀土怀惠，所谓‘未得患得，既得患失’之类也。忮不常见，每发露于名业相侔、势位相埒之人；求不常见，每发露于货财相接、仕进相妨之际。将欲造福，先去忮心，所谓人能充无欲害人之心，而仁不可胜用也：将欲立品，先去求心，所谓人能充无穿窬之心，而义不可胜用也：忮不去，满怀皆是荆棘；求不去，满腔日即卑污。余于此二者常加克治，恨尚未能扫除净尽。尔等欲心地干净，宜于此二者痛下工夫，并愿子孙世世戒之。

忮是嫉妒心，求是贪婪心，曾国藩要求儿子要去除嫉妒、贪婪之心，并希望后世子孙都以此为诫。

这封家信的末尾附上了曾国藩写的两首《忮求诗》，第一首诗提出了“善莫大于恕”的观点，认为要用恕道来消除妒忌心，第二首诗提出用知足来消除贪婪心。这里仅摘登和恕道有关的第一首诗。

善莫大于恕，德莫凶于妒。妒者妾妇行，琐琐奚比数。己拙忌人能，己塞忌人遇。己若无事功，忌人得成务。己若无党援，忌人得多助，势位苟相敌，畏逼又相恶。己无好闻望，忌人文名著。己无贤子孙，忌人后嗣裕。争名日夜奔，争利东西骛。但期一身荣，不惜他人污。闻灾或欣幸，闻祸或悦豫。问渠何以然，不自知其故。尔室神来格，高明鬼所顾。天道常好还，嫉人还自误。幽明丛诟忌，乖气相回互。重者灾汝躬，轻亦减汝祚。我今告后生，悚然大觉悟。终身让人道，曾不失寸步。终身祝人善，曾不损尺布。消除嫉妒心，普天零甘露。家家获吉祥，我亦无恐怖。

一个人如果器量宏大，在待人接物上懂得恕道，就会与人为善，就会收获吉祥。反之，如果一个人器量狭小，在待人接物上怀着妒忌心，见不得别人的长处，见不得别人的好处，日夜与人争利，就会有灾祸，因此他认为，养成恕道要消除嫉妒心。

四、宜从浑字上用些功夫

恕和浑有重要联系，一个心怀恕道的人，一定是一个浑厚的人。曾国藩以“恕”教育子弟，要求子弟心怀恕道，同时也以“浑”教育子弟，要求子弟做人不那么精明，不那么精于算计。太过于精明、太懂得计算，是很难做到对人宽容的，这样的人反而会事事斤斤计较，甚至事事爱占便宜，更谈不上施惠于人。

浑是浑厚、朴实、浑然一体的意思，和恕同为曾国藩家训“八德”之一。同治五年三月十四日，在写给纪泽纪鸿的家信中，曾国藩介绍了自己总结的八德，要求儿子从这八个方面来修身。

余近年默省之勤、俭、刚、明、忠、恕、谦、浑八德，曾为泽儿言之，宜转告于鸿儿，就中能体会一二字，便有日进之象。

浑主要有两重含义，第一是做人。曾国藩在教导子弟做人方面，受道家思想影响，提倡浑字诀，他认为与人相处的时候，要浑厚一些，不要过于精明。在保持自我的时候，要积极融入环境中去，要和环境浑然一体。他要求子弟不可过于要小聪明，小聪明也许能取一时之盛，却维持不了一生之盛，更不可能保持家族长存兴旺。

同治五年初，曾国藩在山东剿捻，因军中生活不便，曾纪泽、曾纪鸿受父命，带领家眷返回湖南老家。在回家的路上，曾国藩叮嘱儿子："沿途遇到地方官员接送的话，不要收他们送的礼物，也不要接受宴请，但要保持谦虚的态度，不要给人一种清高、不近人情的感觉。要让人觉得浑然一体。"曾纪泽天资聪明，但有时不够浑厚，曾国藩勉励他要多从浑字上下功夫。

"泽儿天质聪颖，但嫌过于玲珑剔透，宜从浑字上用些功夫。"

在这方面，曾国藩和苏东坡非常像。在王安石变法中，苏东坡因反对变法，且在写给皇上的奏折中加以讽刺，引得皇帝龙颜大怒，被贬为黄州团练副使。在黄州期间，侍妾生下一个男孩，遭逢人生大变后得一子，欣喜之余，他写了一首《洗儿诗》，送给刚出生的儿子：

人皆养子望聪明，我被聪明误一生。

惟愿孩儿愚且鲁，无灾无难到公卿。

苏轼自己才学很高，也很早就成名，但因为太过锋芒毕露，以至于被贬斥。在这首诗中，他希望儿子能够吸取他的教训，长大后在为人处世上"愚"一点，"鲁"一点，也就是守拙。

浑是淳朴厚实，曾国藩不但以之教导子弟，而且在为政带兵中，也注重选任淳朴厚实的人。在湘军组建之初，积极从老家山区中挑选健壮、淳朴的农民和山民，坚决不从原来的绿营兵中选人，他认为这些人长期当兵，已经养成了偷奸耍滑的毛病。在将官的任用上，他大力选用那些淳朴的书生，这些书生不但和曾国藩有着同样的知识背景，且因读儒家之书，心中充满了正气和抱负。正是选用了这样的兵将，曾国藩的部队形成了和绿营兵不一样的风气，每当绿营兵还在睡觉的时候，他们就已经开始进行操练，不论严寒酷暑，一直坚持不断，这为湘军强悍的战斗力打下了基础。曾国藩针对当时绿营兵军纪败坏的毛病，制定了新的军纪，并编成歌诀《爱民歌》，让士兵个个习唱。我们来看一段：

爱民歌

三军个个仔细听，行军先要爱百姓；
贼匪害了百姓们，全靠官兵来救人；
百姓被贼吃了苦，全靠官兵来作主；
第一扎营不要懒，莫走人家取门板；
莫拆民房搬砖石，莫踹禾苗坏田产；
第二行路要端详，夜夜总要支帐房；
莫进城市占铺店，莫向乡间借村庄；
第三号令要严明，兵勇不许乱出营；
走出营来就学坏，总是百姓来受害；
在家皆是做良民，出来当兵也是人；
军士与民如一家，千计不可欺负他；
日日熟唱爱民歌，天和地和又人和。

这些歌诀影响到后来红军的三大纪律八项注意。

浑的第二层含义是在对人处事上，要含浑些，糊涂些，当然这不是浑浑噩噩，而是一种高明的方式。

大约与人纷争，不可自求万全处；白人是非，不可过于武断。此浑字最切于实用耳。

不可自求万全处，是不可以完全顺着自己的心意、自己完全占便宜，与人发生纷争的时候，最好各让一步，如果想完全顺着自己的心意，把错误和问题都归结到别人身上，这样不但不利于解决纷争，而且会进一步恶化双方的关系。在评断是非问题的时候，更是不可以过于武断，不能轻易下结论，让人觉得自己很苛刻。

纵人以巧诈来，我仍以浑含应之，以诚愚应之，久之，则人之意也消。若勾心斗角，相迎相距，则报复无已时耳。

在应对官场上钩心斗角的时候，他主张以浑应对。这蕴含了道家的智慧，老子主张以愚胜智，以讷胜辩，以拙胜巧，“大直若屈，大巧若拙，大辩若讷”。

九弟曾国荃性情比较耿直，往往是有什么说什么，为此得罪了不少人，在任湖北巡抚的时候，因为和当时的顶头上司湖广总督不合，也看不惯总督的做派，便向皇帝写奏折弹劾。当时的总督是满人，皇帝肯定偏袒，不但没有处理总督，反而下旨斥责他，曾国荃为此感到很郁闷。曾国藩在家信中告诉他浑字诀，并说他们两兄弟在官场上，都有一肚子不合时宜的想法，往往容易得罪人。让他和迪安学习，迪安是湘军名将李续宾的号，李续宾非常善于做人，心中虽有很多想法，但都闷在肚子里面，好像不识世态一样，从不表露出来，平时以浑含应对人。

“迪安妙在全不识世态，其腹中虽也怀些不合时宜，却一味浑含，永不发露。我兄弟则时时发露，终非载福之道。弟当以我为戒，一味浑厚，绝不发露。将来养得纯熟，身体也健旺，子孙也受用，无惯习机械变诈，恐愈久而愈薄耳。”

曾国藩的浑字诀是守拙，他常说“惟天下之至诚，能胜天下之至伪；惟天下之至拙，能胜天下之至巧”，这是一种人生的大智慧，而这种智慧大都是从长期的历练中得来。

浑是外在的表现，给人的感觉是浑厚、不张扬、不较真、朴实，甚至是愚、鲁，但并不等于内心真是这样，相反，在教子上，曾国藩要求子弟对人对事要看得清、看得明。就拿上文提到的：

大约与人纷争，不可自求万全处；白人是非，不可过于武断。此浑字最切于实用耳。

曾国藩要求面对别人是非，要用浑字诀，而在这里，他进一步阐明，为了避免武断，须做到明。

总须心中极明，而后口中可断。武断自己之事，为害犹浅；武断他人之事，招怨实深。惟谦退而不肯轻断，最足养福。

明是浑的前提，如果心中糊涂，看得不明，就不可能保持超脱的浑，相对于深陷是非之中，纠结于怎么白人是非，浑就是一种更高层次的状态。

明又分为高明和精明。

人见其近，吾见其远，曰高明；人见其粗，吾见其细，曰精明。高明由于天分，精明由于学问。高明在于远瞻，精明在于细察。高明顺势而为，精明顺理而行。高明见其远，观其大，知其时；精明察其细，重其小，究其因。人高明可谓之英，人精明可谓之才。

高明是看得远，精明是看得细，高明侧重于宏观，精明侧重于微观，高明多运用战略制定，精明多运于细节把握。高明源于天赋，在曾国藩看来，他们几兄弟天赋都不高，只有多下苦功，多学多问，从而在精明上不断提升自己。曾国藩自己的成就全来自勤学苦练。

吾兄弟忝居大家，天分均不甚高明，专赖学问以求精明。好问若买显微之镜，好学若舂上熟之米。

在曾国藩看来，一个人的强大也是来自明，如果对事情看不明白，只知依仗手中的武力，一味强横蛮干，是成不了事情的。特别是当别人把道理讲清楚之后，自己最终会不得不屈服于道理，而前傲后屈，这样的领导者是不会有什么威信的。

五、恕与气量风度

恕可以解释为宽恕、宽容，而宽容是一个人气度的体现，那些有气度的人，都是能容人、容事、容物的人。对于身居高位的人来说，“宰相肚里能撑船”，宽容显得更加重要，是领导力的重要体现。

中国历史上不乏名臣，其中很多都具有超越常人的气量。

韩安国是汉代的名臣，汉武帝时担任御史大夫，他提倡与匈奴和亲，理由是“今匈奴负戎马之足，怀禽兽之心，迁徙鸟举，难得而制也。得其地不足以为广，有其众不足以为疆，自上古不属为人。汉数千里争利，则人马罢，虏以全制其敝。且强弩之极，矢不能穿鲁缟，击之不便，不如和亲”。实为智论，在他的坚持下，汉武帝采纳了和亲政策，从而使得汉王朝北方多年无战事。司马迁评价“安国为人多大略，智足以当世取合，而出于忠厚焉”。天子也视他为“国器”。

关于韩安国其人，司马迁在《韩长孺列传》中记载了一个典故，从中可以一窥他的气度。

安国坐法抵罪，蒙狱吏田甲辱安国。安国曰：“死灰独不复燃乎？”田甲曰：“然即溺之。”居无何，梁内史缺，汉使使者拜安国为梁内史，起徒中为二千石。田甲亡走。安国曰：“甲不就官，我灭而宗。”甲因肉袒谢。安国笑曰：“可溺矣！公等足与治乎？”卒善遇之。

韩安国年轻时曾入狱，在狱中受到狱卒田甲的侮辱，安国说：“你这么对我，不怕我以后死灰复燃，重新为官吗？”田甲嘲讽说：“如果死灰复燃的话，我一泡尿浇灭它。”不久后，安国出狱，再次受到重用，担任要职，田甲怕报复逃走了，安国说：“你要不来请罪，我就灭你全家。”当然这是吓唬田甲的话，但田甲知道后非常害怕，很快就来请罪，安国见到田甲后，并没有进行报复，反而善待他，让他继续担任原来的职务。这是成语死灰复燃的由来。这个故事让司马迁感到非常不一般，故记载下来。

曾国藩作为晚清中兴名臣，也有非凡气度。早在年轻的时候，他的气度就展现出来了。曾国藩求学衡阳时，有一个叫杨甫瑞的同窗，是当地有名的富家子弟，平时十分骄横，经常欺负班上同学，对外地来的曾国藩也是处处刁难。有一天，曾国藩在窗边看《左传》，看得很用心，突然听到杨甫瑞大声吼道：“你把窗户都挡完了，我怎么看书啊，还不赶紧挪开！”其实，杨甫瑞此时并未读书，也并未完全遮住他的光线。还有一个晚上，曾国藩在灯下读《诗经》，杨甫瑞又冲他喊：“你晚上点灯读书，让我怎么睡得着啊？”对于杨甫瑞的故意挑衅，曾国藩都沉默以对，尽量不与其发生冲突。曾国藩考中举人后，同学都纷纷向他祝贺，杨甫瑞却大发雷霆，认为是曾国藩夺走了他的运势，很多同学都看不惯，认为他是无理取闹，要求其向曾国藩道歉，这时，曾国藩不但不责怪杨甫瑞，却反过来劝说同学，要他们不要为这点小事伤了同学的情谊。此后，大家在心里对曾国藩刮目相看。

宽容是一种力量，当我们掌握并能运用这种力量时，我们自然就会显得自信和强大——它不是软弱，它是刚强和坚韧。有人对曾国藩年轻时的这一经历评价称，一个人处身立世，连点委屈都受不了，要想成功，自然不易。曾国藩以后仕途通达，位极人臣，成为晚清不可或缺的将帅之才，跟他年轻时就初露端倪的过人的气度，不能说是没有关系。

事上之道莫若忠，待下之道莫若恕

曾国藩和左宗棠是湖南同乡，同列晚清中兴名臣，朝廷一般多以“曾左”并称他们两人。左宗棠一直以诸葛亮自比，对曾国藩不是很服气，有一次，他对身旁人说：“为何人都称‘曾左’，而不称‘左曾’？”有人直言回答：“曾公眼中常有左公，而左公眼里则无曾公。”这让左宗棠深思良久。

曾国藩比左宗棠大一岁，虽然左宗棠对他一直不服气，甚至多次冷嘲热讽，但曾国藩真爱其才，多次向朝廷推荐重用，有一次在给皇帝的奏折中写道：“天下不可一日无湖南，湖南不可一日无左宗棠。”今人大都认为，左宗棠之所以能有日后的成就，离不开曾国藩的支持。曾国藩不但重用他，而且对其给予多方面帮助，使左宗棠有一个好的干事环境，但左宗棠并不领情，反而经常和曾国藩作对。湘军打下太平天国后，朝廷加封曾国藩侯爵、曾国荃伯爵，那是曾氏兄弟最风光的时候，但就在这时，左宗棠上奏弹劾曾国荃，认为他攻城不力，以至于放走了洪秀全的儿子洪天福贵，惹得朝廷下旨严斥曾国荃。其实这是误解，当时战场非常混乱，洪天福贵是乘乱逃走的。这一举动让曾氏兄弟对左宗棠大为不满。后来，左宗棠率军进入西北作战，需要从江南等地输入粮草，而曾国藩正担任两江总督，是天下最富庶之地，左宗棠担心曾国藩会记恨他，不给他粮草，但事实的情况是，其他地方的督抚大都不喜欢

---

① 鄢世洪：《受得了委屈，成得了大器》，《环球人物》2012 年第 18 期。

左宗棠，大都不愿拨给粮草，唯有曾国藩主政的两江全额拨给，且派出了湘军的得力将领刘松山来支持他，这让左宗棠大为感动。

李元度是曾国藩的老乡，曾国藩在湖南办团练，李元度属于最早应召入幕的人之一，他后来还救过曾国藩的命。咸丰十年八月，曾国藩保举李元度驻守徽州，当时太平军来势迅猛，曾国藩命令他坚守城池，不要贸然出击，但李元度没有听进去，擅自出战，以至于很快就丢了徽州。按照当时的政治道德，主将兵败后，宁可自杀也不能逃走，更不能被抓受辱，安徽巡抚江忠源就在庐州城破后投水自杀，湘军统领刘长佑被石达开战败后拔剑自刎，曾国藩本人也在靖港兵败、湖口惨败后选择投水自尽，在祁门被困的时候也写好遗书准备自杀，自杀的将领保全了个人名节，而那些兵败弃城逃跑的人则身败名裂。李元度没有勇气选择自杀，又怕曾国藩责罚，兵败后不敢回湘军大营领罪，而是投靠了曾国藩的政敌王有龄，这让曾国藩非常气愤，虽然属下纷纷劝阻，还是选择上奏弹劾李元度。曾国藩让李鸿章拟稿，李鸿章坚决不写，宁可辞职也不写，曾国藩只好亲自写奏折。曾国藩这么做，既是出于对李元度的气愤，也是为了维护湘军的纪律，试想，如果不惩罚李元度，以后面对强势的太平军，湘军怎么能坚决抵抗？将领怎么能抵抗到底？不过，晚年的曾国藩想起这事，感到非常后悔，不但宽恕了李元度，并再次向朝廷举荐他。李元度受弹劾后一度被免职，但他也没有怨言，在曾国藩去世后，写了十二首诗来进行哀悼。

李鸿章的父亲李文安与曾国藩同是戊戌年进士，有"同年"之谊。李鸿章在未中进士之前，与其兄李瀚章都以"年家子"身份投靠曾国藩门下，拜曾为师，学习八股文、试帖诗和"义理经世之学"，以后也经常向曾国藩请教。曾国藩对李鸿章非常欣赏，并委以重任。不过，李鸿章对曾国藩虽以师礼相待，却是极有主见之人，经常因固执己见而与曾国藩发生冲突。在上面提到的李元度事件中，李鸿章因不肯写奏折而加剧了与曾国藩的矛盾，以至于后来负气出走。今人分析，李鸿章出走表面是因为和曾国藩意见不合，实际是因为当时的太平军势大，湘军屡屡失败，朝廷对曾国藩也不信任，李鸿章感觉跟着曾国藩没有什么发展，才借故离去。不过，李鸿章出走后并没有找到很好的下家，而此时曾国藩却发展得越来越好，咸丰十一年九月，曾国藩奉旨督办四省（苏、皖、浙、赣）军务，巡抚、提镇以下悉归节制，相当于手握东南半壁江山大权。此时，李鸿章对离开曾国藩幕府产生了悔意，后来经郭嵩焘牵线，曾国藩选择了宽恕李鸿章，他才得以重新进入曾国藩幕府。曾国藩对李鸿章一如既往地重视，不但支持他编练淮军，而且选择他作为自己事业的传人。

曾国藩、左宗棠和李鸿章同属晚清中兴名臣，左、李都是曾提拔起来的。他们三个人的性情有很大差别，左宗棠为人比较狂傲，自视有才，瞧不起其他人，也得罪了很多人；曾国藩非常注重修身功夫，看人的时候总是着眼别人的长处，发现、提携了很多人才；李鸿章没有曾国藩的修身功夫，也没有曾国藩那样做事有原则，常常为达目的不择手段。曾国藩之所以选择李鸿章作为传人，除了李鸿章确实优秀之外，还因为李鸿章相对曾国藩来说是现实主义者，他不像曾国藩那样立志做圣人，身上没有更多的道德束缚。左宗棠尽管和曾国藩矛盾很大，但当他需要帮助的时候，曾国藩都全力支持，而曾国藩去世后，继任的李鸿章就没有曾国藩那样的气度，对左宗棠没有特殊照顾，且摩擦不断，致使左宗棠不得不带兵进入新疆，这才有后来左宗棠收复新疆的壮举。

六、恕道与全球伦理金规则

恕道虽然是孔子提出来的，但在世界的其他主要宗教中，也有类似的道德规范和原则。

基督教中有“爱人如己”的道德准则，“爱人如己”的意思是你愿意人怎样待你，你也要怎样待人；你若不愿人这样待你，你也不应这样待人。

“爱人如己”在《圣经》中多次出现，如《马太福音之十九章》中的对话：

有一个人来见耶稣说：“夫子，我该作什么善事，才能得永生？”

耶稣对他说：“你为什么以善事问我呢？只有一位是善的，你若要进入永生，就当遵守诫命。”

他说：“什么诫命？”

耶稣说：“就是不可杀人，不可奸淫，不可偷盗，不可作假见证，当孝敬父母，又当爱人如己。”

再如《马太福音之二十二章》中的对话：

法利赛人听见耶稣堵住了撒都该人的口，他们就聚集。

内中有一个人是律法师，要试探耶稣，就问他说：

“夫子，律法上的诫命，哪一条是最大的呢？”

耶稣对他说：“你要尽心，尽性，尽意，爱主你的神。

这是诫命中的第一，且是最大的。

其次也相仿，就是要爱人如己。

这两条诫命，是律法和先知一切道理的总纲。”

佛教中有“己所不欲勿劝他人”“我若所不喜，他亦如是”等规范，《大乘遍照光明藏无字法门经》中记载了一段佛祖的话：

善男子，汝问于我，复有何法，菩萨摩诃萨应守护者，今为汝说。

善男子，有一种法，菩萨摩诃萨常当守护，何等一法，所谓己所不欲勿劝他人，如是一法菩萨摩诃萨常应守护。

何以故，若菩萨摩诃萨守护此法，即是守护诸佛如来一切戒藏。

如诸菩萨，自爱命者则不应杀，自爱财者则不应盗，自爱妻者不应侵他。

自爱实语不应诳彼，自爱和合不应间他，自爱正直不应邪绮。

自爱柔软不应恶骂，自爱止足终不于他而生贪欲，自爱仁恕终不于他而生嗔恚，自爱正见终不教他令生邪见。

善男子，如是菩萨发意说言，我今敬顺如来正教，应当勤心守护此法，是名菩萨摩诃萨守护一法。

善男子，我见如是诸菩萨等，欲求无上大菩提者，悉为乐故而求菩提，无有为苦求之者也。

善男子，是故我说己所不欲勿劝他人，如是等法，菩萨摩诃萨应当守护。

做到了“己所不欲勿劝他人”就会成就菩萨果位，而更进一步，立人达人、普度众生，就会成就佛的果位。在佛教中，“推己及人”是“菩萨行”的精神，所谓菩萨，就是已经实现了尽己之性，剩下的未竟功夫就是推行此性以及人，从而立人达人。

再如，佛在《四不坏净成就经》中说：

若有欲杀我者，我所不喜，我若所不喜，他亦如是，云何杀彼？作是觉已，受不杀生戒。不乐杀生，如上所说。我若不喜盗于我，他亦不喜，我云何盗他？是故持不盗戒。不乐于盗，如上说。我既不喜人侵我妻，他亦不喜，我今云何侵人妻妇？是故受持不邪淫戒。如上说。我尚不喜为人所欺，他亦如是，云何欺他？是故受持不妄语戒，如上说。

在恕道上，佛祖和孔子的理解非常相近，这段话就是恕道的注解。

伊斯兰教、犹太教中也有类似的道德规范，如伊斯兰教的“你自己喜欢什么，就喜欢别人得到什么；你自己觉得什么是痛苦，就该想到对别的所有人来说它是痛苦”。犹太教的“你不愿施诸自己的，不要施诸别人”。

正是因为各大宗教文化在恕道上的这种共同性，恕道被确立为全球伦理的金规则。

1993年8月，为纪念“世界宗教会议”召开一百周年，全球各地120多个宗教团体的代表参加了在美国芝加哥召开的世界宗教大会。有鉴于第二次世界大战以后，全球多元化加速、文明冲突加剧的状况，与会学者共同商讨，呼吁寻求一个能得到不同种族、不同宗教、不同文明的人士都认可的道德准则，并以此来协调各族群、各宗教间的关系。经过多天的讨论，学者们达成了共识，他们一致认为，恕道即“己所不欲、勿施于人”符合要求。这次会议达成的《全球伦理宣言》中指出：

“数千年以来，人类的许多宗教和伦理传统都具有并一直维系着这样一条原则：己所不欲，勿施于人！或者换用肯定的措词即：你希望人怎样对待你，你也要怎样待人！这应当在所有的生活领域中成为不可取消的和无条件的规则，不论是对家庭、社团、种族、国家和宗教，都是如此。

“我们希望别人怎样对待我们，我们就必须怎样对待别人。我们承诺敬重生命与尊严，敬重独特性与多样性，以使每一个人都得到符合人性的对待，毫无例外。我们必须耐心和宽容。我们必须能够宽恕。”

“己所不欲，勿施于人”即是“恕”道，在这次会议之后，被确立为全球伦理的金规则。《全球伦理宣言》呼吁所有的人，不论是男是女，信教还是不信教的人们一起努力，践行“己所不欲，勿施于人”，从而使世界变得更美好。

以使每一个人都得到符合人性的对待，毫无例外。我们必须耐心和宽容。我们必须能够宽恕。”

“己所不欲，勿施于人”即是“恕”道，在这次会议之后，被确立为全球伦理的金规则。《全球伦理宣言》呼吁所有的人，不论是男是女，信教还是不信教的人们一起努力，践行“己所不欲，勿施于人”，从而使世界变得更美好。

第八章
家风八：健

曾氏家族一个非常显著的特点是重视养生强身，从曾国藩的爷爷开始，就教导子弟要早起，在劳动中锻炼身体，曾国藩更是总结出了一套养生强身之术，并以之作为家训的重要内容。例如，他的“八本说”中，其中一条就是“养生以少恼怒为本”，他留给儿子的四条遗嘱“慎独心安、主敬身强、求仁人悦、习劳神钦”中，就有三条是讲保养身、心、神的。

曾氏家族一个非常显著的特点是重视养生强身，从曾国藩的爷爷开始，就教导子弟要早起，在劳动中锻炼身体，曾国藩更是总结出了一套养生强身之术，并以之作为家训的重要内容。例如，他的“八本说”中，其中一条就是“养生以少恼怒为本”，他留给儿子的四条遗嘱“慎独心安、主敬身强、求仁人悦、习劳神钦”中，就有三条是讲保养身、心、神的。

曾国藩之所以重视养生强身，既是他个人从病痛中总结出来的经验，也是个人成长、家族事业传承的必然要求。对个人来说，健康是幸福和事业的基础，失去了健康，幸福生活、美好事业都会远去。对家族传承来说，如果一个家族为培养继承人花费无数心血，继承人在学养、品德、能力等各方面都非常优秀，唯独身体健康状况不佳，甚至还未接班就过早去世，那么，家族事业传承无疑将受到重要影响，甚至会因为缺乏合适的继承人而迅速衰弱。

在三国时期，吴国衰败的根源就在于孙权接班人的英年早逝。孙权有七个儿子，长子孙登、次子孙虑、三子孙和、四子孙霸、五子孙奋、六子孙休和最小的儿子孙亮，其中长子孙登是太子。孙权很重视对孙登的培养，为其精心挑选了老师和幕僚，其中包括诸葛恪、张休、顾谭和陈表等三国时的名臣。孙登也不负期望，在太子之位的二十多年里，深得孙权欢心，且具有卓越的治理国家能力，受到百姓爱戴，是一个不可多得的储君。

关于孙登的故事，有一个著名的弹丸事件。《三国志·吴主五子传第十四》记载：

“登或射猎，当由径道，常远避良田，不践苗稼，至所顿息，又择空间之地，其不欲烦民如此。尝乘马出，有弹丸过，左右求之。有一人操弹佩丸，咸以为是，辞对不服，从者欲捶之，登不听，使求过丸，比之非类，乃见释。”

孙登打猎的时候不扰民，更不会践踏庄稼，受到弹丸威胁时，能冷静对待，分清是非，不冤枉人。这样的事情虽然很简单，但放在一个储君身上，还这么关注细节，则不容易。可惜的是，孙登在33岁就去世了，这不但是孙权的损失，也是吴国的损失。

孙登去世后不久，孙权立孙和为太子，后又立孙霸为鲁王，从而形成了太子党与鲁王党两大阵营，这两派相互倾轧，斗争不止，几年后，孙权废黜了孙和，又赐死了孙霸，改立他最小的儿子孙亮为太子。孙权死的时候，孙亮还不到十岁，朝政大权掌握在大臣手上，继位没几年就被废黜，而吴国的国势也每况愈下。试想，如果孙登身体健康，能顺利继承孙权留下来的王位，就不会有后面这些事情发生，吴国在三国时的命运可能就会改写。

一、身体素质堪忧的曾家人

曾国藩家族有个怪现象，那就是曾国藩的长辈，身体素质都不错，寿命也可以，但到了曾国藩和他的儿子、孙子，身体素质却一代不如一代，寿命也很少有超过长辈的。

曾祖父寿命 74 岁，祖父寿命 76 岁，祖母寿命 80 岁，父母寿命都是 67 岁左右，曾国藩本人寿命 61 岁，两个儿子曾纪泽、曾纪鸿寿命分别为 51 岁、33 岁，孙子辈的第三代毅勇侯曾广銮寿命 47 岁。令人不解的是，曾纪泽这一脉不但身体素质差，生育能力也非常差，他先后生过三个儿子，但只养大了曾广銮一个，而曾广銮更连一个儿子都没有生，今天，曾国藩的后裔实质都是曾纪鸿的后人。

按理说，长辈的基因不错，曾国藩考中进士后，家境也越来越好，且随着西洋医学的传入，晚辈的医疗条件也越来越好，健康指数理应随着物质、医疗条件的改善而提高才对，但事实却相反，这是个令人费解的问题。

曾国藩年轻的时候身体还可以，虽然有皮肤病，但并不严重，也没有得过重大疾病，28 岁考中进士后，刚搬到京城住下没多久，就生了一场大病。曾国藩第一次、第二次考进士时，曾在北京住过近一年时间，对北京的气候水土已经有所适应，因此这次生病的主因可能不是水土不服。

他是道光二十年正月到的北京，六月二十四，日记中记载：“人渐有病，饮食少减，精神不振。”随后几天，胃口越来越不好。七月初一日，因病情不断加重，移居到好友欧阳小岑的住处，请他照料自己。七月二十一日，病情越发严重，且有生命危险，当时的“同乡诸公来看者都以为难治”。拖到八月中旬，才出现转好迹象。

曾国藩在生病期间，不敢写信告诉老家的父母，直到病情好转后，才写信备述病中情状。此后几年，曾国藩又相继患头晕、目眩、耳鸣症，35岁时皮肤病严重恶化，奇痒难忍，需要不停地挠，在和太平军作战时，皮肤病加剧，不挠就睡不着觉。

曾国藩白天晚上时间安排都很满，每天只有6个小时睡觉。睡眠不好严重影响到他的工作，起先让亲兵帮忙挠，但亲兵都是山中农民出身，一来不知道轻重，经常挠出血，二来两个男人晚上总在一起也不合适，后来在朋友劝说下，经过再三考虑，纳了一位叫陈春燕的女子做小妾，专门帮他挠痒，顺便照顾他的起居生活。陈春燕也是知书达理之人，可惜福缘太浅，嫁给曾国藩一年多后就因病去世，而曾国藩的皮肤病终其一生都没有治好。虽然相处时间不长，曾国藩对这位小妾还是有感情的，据唐浩明讲，曾国藩专门写了一副挽联，用来表达自己的感情：

未免有情，对帐冷灯昏，一别竟伤春去了；

似曾相识，怅梁空泥落，何时重见燕归来。

曾国藩几个弟弟的身体素质也是一般。九弟曾国荃第一次来京城读书，不久就因为水土不服，病了大半年时间，病好后思乡心切，在兄长极力挽留的情况下，毅然踏上了回老家的路，曾国藩为此自责了很一阵，认为自己没有照顾好他。中年加入湘军、带兵打仗后，也经常生病，特别是因为性格比较直的原因，和周围同事关系较僵，经常感到愤怒、抑郁。曾国藩多次在信中劝他注意保养身体。例如，咸丰七年，曾国藩写信说：“弟在营须保养身体，肝郁最伤人，余平生受累以此，宜和易以调之也。”小弟曾国葆从小体弱，曾国藩多次叮嘱弟媳好好照顾他，湘军攻打金陵时，军中流行传染病，曾国葆不幸染病身亡，时年仅33岁。六弟曾国华死得早，四弟曾国潢在家主持家务，要操心一大家子的事，比较辛苦，曾国藩也多次劝他保养身体。

曾纪泽生下来的时候就体弱多病，14岁那年，从京城返回湖南老家的途中，不幸掉到水里，虽然被及时救了上来，但大病一场。27岁，本是一个人身体状况最好的时候，但他的身体素质很差，经常生病，据《曾纪泽年谱》记载，那年的8月，肝气病痛，每天头晕神倦，加之要读书、操劳家事，身体有支撑不起的迹象。这让曾国藩很忧心，在信中劝其不要太辛苦，要积极保养治病，并传授自己体悟出的顺应自然、健康长寿秘诀。曾纪泽和他的父亲一样，非常勤奋，但却没有父亲那样的精神力量来带动身体运转，去世时只有51岁。

小儿子曾纪鸿身体素质更差，小时候经常发烧，曾国藩在家信中经常提到“鸿儿体弱生疾”“鸿儿抱病”等字样，并深以为忧。19岁时，因发热染上了肺病，这在当时是不治之症，去世的时候只有33岁。曾国藩一生以不精通数学为耻，希望小儿子能好好研究数学，曾纪鸿抱着为父血耻的初衷去学习数学，但不久后就爱上这门学科，并展现惊人天赋，当时国际上都以推算圆周率的小数点后位数为评价数学水平的标准，但只能算到小数点后的四十位，而曾纪鸿经过精心演算，算到了小数点后的100多位。

曾纪鸿的英年早逝是中国近现代数学界的损失，他去世时，曾纪泽正在英国担任大使，远隔重洋，无法赶回来见最后一面。曾纪泽在大使馆内，就着昏暗的灯光，含泪手书挽联，表达了浓厚的手足之情及对弟弟学术成就的深深敬意：

世无宣圣知颜子，好学谁传死后名？

慧业论亡糟魄在，一编算草蔚成家。

他还将这副挽联改成了两首七律诗，用来悼念亡弟。

（一）

题彼脊令飞且鸣，日歌斯迈月斯征；

愧余懒惰真无匹，仗汝腾骞绍所生；

文字失权骞膈鋒，家门不幸风楼倾；

世无宣圣知颜子，好学谁传死后名？

（二）

埋头典籍撷精华，知也无涯生有涯；
百炼金刚镕紫电，九还伏火养丹砂；
爻占虎豹大人变，岁在龙蛇贤者磋；
慧业论亡糟魄在，一编算草蔚成家。

鉴于家族成员的这种身体状况，曾国藩家书中，劝慰家人保养身体、介绍自己养生之法是重点内容。

二、养生八大要点

道光二十二年六月，曾国藩到京城任职不久，就大病一场，近半年卧床不起，道光二十三年正月初十，早起后更吐血数口。身体状况的严重恶化，使曾国藩意识到，身体到了不得不保养的时候，他在当天的日记中写道：

“再不保养，是将限入大不孝矣。将尽之膏，岂可速之以风？萌蘖之木，岂可牧之以牛羊？苟失其养，无物不消，况我之气血素亏者乎？”

这场大病让曾国藩明白了保养身体的重要性，也正是从这时起，曾国藩开始摸索、总结养生之法。而远在老家的父亲，得知大儿子病重的消息后，惊骇异常，在收到曾国藩寄来家书的第二天，就亲自带着曾国藩的媳妇、儿子赶往北京，同时寄去家书一封，告诫儿子要重视身体保养，并传授了自己的经验：节欲、节劳、节饮食，节欲、节饮食含义简单，节劳主要是针对曾国藩读书太过用功的情况，让他注重劳逸结合，不要用脑过度。

曾国藩严格遵守父亲的教导，不过养生的效果并不明显，尤其是每天看书虽不多，但思虑仍然很杂，思多则头昏，曾国藩的头晕症这个时候就有了。几年后，拜唐鉴为师，唐鉴教他静坐。他在日记中写道：

“意欲节劳，而游思仍多。心动则神疲，静则神裕。唐先生言，最是‘静’字功夫要紧。”

静字功夫的实践方法就是静坐，在唐鉴的教导、督促下，曾国藩开始练习静坐，并把静坐当作每天必须完成的十二门课程之一。好友冯树堂又教给他焚香静坐法，静坐的时候，在身前置一小桌，桌上点根香，静坐时用心感悟香的烟气，如果心浮则气散，心定则气凝。一番静坐下来，效果很是明显，曾国藩从此把静坐作为养生的重要方法，每日不拘何时都会静坐一会，坚持了几十年，在湖南老家藏书楼的二层设立专门用来静坐的地方。

经过师友教导和自己多年的摸索积累，曾国藩总结了养身五法和养生六事。

同治五年六月初五日，他在写给四弟的家信中说：

“养身之法，约有五事：一曰眠食有恒，二曰惩忿，三曰节欲，四曰每夜临睡洗脚，五曰每日两饭后，各行三千步。”

同治十年十月二十三日，他在写给四弟、九弟的家信中，又提出了养生六事。

“一曰饭后千步，一曰将睡洗脚，一曰胸无恼怒，一曰静坐有常时，一曰习射有常用，一曰黎明吃白饭不沾点菜。”

综合来看，曾国藩的养生方法主要有八点：

第一，眠食有恒，即吃饭睡觉有规律。这一点非常重要，《黄帝内经》总结归纳了人体十二个器官的工作时间规律，并把“饮食有节，起居有常”作为健康长寿的基石。现代人很多病都是因为生活不规律导致的，很多人一坐就是半天，运动少，经常憋尿，容易得胆结石，特别是现在的上班族，三餐没有规律，容易引起肠胃疾病。曾国藩非常重视饮食和睡眠，他常说：“养生之道，当于‘食眠’二字悉心体验。食即平日饭菜，但食之甘美，即胜于珍药也。眠亦不在多寝，但实得神凝梦甜，即片刻亦是摄生矣。”他在给家人的信中说：“纪泽身体亦弱，事教以专从眠食二字上用功。眠所以养阴也，食所以养阳也。养眠贵有一定时刻，而戒其多思；养食亦贵有一定时刻，而戒其过饱。”

第二，惩忿或胸无恼怒，即控制好情绪，特别是负面情绪。人有喜、怒、哀、乐、怨、忧、惧七种情绪，如果控制得当，则内心和谐，反之就会内心失调。在这七种情绪中，怒尤其伤身，人在发怒的时候，不但血压会升高，且对自身行为的控制力会大大减弱，很多失当行为都是在发怒时做出来的。最近，经常看到父母因为过于气愤，而打孩子，甚至有把孩子打残、打死的案例。不久前，媒体就报道了这样一则消息，有一位父亲因为女儿回家晚，非常生气，想教训一下她，就动手打了孩子，谁知越打越生气，越打越觉得孩子不争气，下手也越来越重，最终把女儿打得吐血倒地、昏迷不醒，急送医院抢救也没有救过来。事后，这位父亲后悔不止，睡着了都会自言自语，当时为什么没有控制住情绪？为什么下手那么重？但这已经于事无补了。不但女儿身亡，这位父亲也因为故意杀人罪被警方逮捕，将接受法律的处罚。这是典型的因为控制不住自己的怒火而毁身毁家的案例。

第三，静坐有常时，即要有规律地练习静坐。静坐的方法有很多，儒释道各有不同，但都讲究一个静字，在静中平息身心、体悟天地自然奥秘。各家不拘于坐的形式，即使侧躺、平躺，只要能静下来，也都可以。静坐要坚持，偶尔静坐一两次作用不大，只有长时间坚持，才有较好效果。静坐有益于身心健康，是有现实案例支持的，当代文学家郭沫若在日本求学时，不幸患了神经衰弱症，心悸、胸痛、睡眠不安，后来在友人帮助下，他开始练习静坐，每天清晨和临睡前各静坐 30 分钟，坚持不懈，一段时间后，神经衰弱症明显转好。

第四，节欲，即房事有节。孔子说，君子有三戒，“少之时，血气未定，戒之在色；及其壮也，血气方刚，戒之在斗；及其老也，血气既衰，戒之在得”。现代医学认为，房事过度的话，不但容易疲劳乏力、精神萎靡、食欲衰退、失眠，而且容易得腰肌劳损、性功能障碍等病症。

第五，临睡洗脚。民间有“热水泡脚，胜吃补药”的说法，我们的脚底有很多穴位，睡觉之前泡一泡脚，不但会减少疲劳，而且会舒筋活血化瘀，有利于睡眠。

第六，习射有常用，即坚持体育锻炼。孔子时代，读书人都要学习六艺：礼、乐、射、御、书、数，包括了德智体美劳各方面，其中射指射箭，射箭不但是一项生存、作战技能，而且可以锻炼身体。曾家子弟身体都不是很强壮，曾国藩在家书中，重点强调家族子弟要学习射箭，“射足以习威仪，强筋骨，子弟宜多习”。“家中后辈子弟，体弱学射，最足保养。”

第七，黎明吃白饭不沾点菜，即早上起来后吃一碗白饭。这是曾国藩独有的养生术，他的口味比较清淡。有人从淡泊明志的角度去理解，认为曾国藩吃白饭是为了明志，这种解释有些牵强。曾国藩家里有很多老家寄来的腌菜，早上不吃，可能真是个人的生活习惯。和早上吃白饭相对，曾国藩晚上基本不吃荤菜，只以肉汤炖一二种蔬吃，在菜的选择上，不以贵为好，只要适口则可。他认为这样既是节俭之方，也是养生之道。今天，我们身边有不少人晚上只吃水果蔬菜，不吃主食，这和曾国藩有共同之处。

第八，饭后千步走。“饭后千步走，活到九十九”，吃完饭后，慢走一会儿，对身体有好处。现在我们很多人，习惯吃完饭就到楼下、公园慢走一会儿，在感觉到饭的饱意消失后，再回来美美地小寐一会儿，这样的生活方式，既利于缓解工作疲劳，又能愉悦身心。

三、治身以不药二字为药

保养身体的一个重要方面是慎用药物，药物使用得当可以医病，使用不当会加重病情，甚至致人死亡。在日常生活中，我们经常会看到，有的病人吃了很多药，但都不对症，病情没有好转；有的家庭为了看病变卖所有，也不一定有效果，反而因病致贫。而传统社会，医学不发达，乡间庸医、走方郎中比较多，各种土方子也比较多，良医的治愈率只有70%，普通乡村医生的治愈率只有30%，通过吃药来治病确实需要运气。

曾国藩的祖父制定了三不信的家训：

不信僧巫、不信地仙、不信医药

不信僧巫、不信地仙这两句好理解，就是不迷信，古代农村里面的迷信大都是由和尚、道士、巫婆、方士传播的。而不信医药，则反映了曾国藩祖父对待那个时代医学的态度，这种态度有非理性的一面，但理性的成分占大多数。对于一个靠自己勤劳奋斗，好不容易才让家族逐渐富裕的人来说，最大的忧虑就是家族再度陷入贫困之中，而身边的无数事实证明，疾病是致贫的最主要原因，生病后乱吃药不但治不好病，而且会把家中本来就为数不多的钱花光。

祖父的家训，曾国藩牢记在心，也按照祖父的要求去做，一生对待医药都比较谨慎，到不得不吃药时，才会吃几服必须的药，即使到了晚年，吃药也较少，给他看病的医生都知道他这一态度，开药方的时候也比较谨慎，只开必须的药，不会乱添补药。但几个弟弟对祖父要求的“三不信”阳奉阴违，一生病就胡乱吃药，遇到病情复杂时，还要请和尚、道士来家里做法事，以驱灾祈福。咸丰十年十二月，四弟曾国潢病了，儿子曾纪泽也在病中，四弟不仅自己吃药，还让曾纪泽吃药，曾国藩在写给四弟的信中说：

“接弟手书，具悉弟病日就痊愈。至慰至幸！唯弟服药多，又坚嘱泽儿请医调治，余颇不以为然。吾祖星冈公在时，不信医药，不信僧巫，不信地师，此三者，弟必能一一记忆。今我辈兄弟亦宜略法此意，以绍家风。今年做道场二次，祷祀之事，闻亦常有，是不信僧巫一节，已失家风矣。买地至数千金之多，是不信地师一节，又与家风相背。至医药则合家大小老幼，几于无人不药，无药不贵。迨至补药吃出毛病，则服凉药攻伐之，阳药吃出毛病，则服阴药清润之，辗转差误，非大病大弱不止。”

同期，在写给儿子曾纪泽的信中，曾国藩把胡乱吃药的危害说得更清楚：

“药能活人，亦能害人。良医则活人者十之七，害人者十之三；庸医则害人者十之七，活人者十之三。余在乡在外，凡目所见者，皆庸医也。余深恐其害人，故近三年来，决计不服医生所开之方药。”

湘军围攻金陵期间，军中流行传染病，很多将官都感染了，其中包括曾国藩的小弟曾国葆。曾国葆染上传染病后，请了很多医生，也吃了很多药，曾国藩多次去信，劝他不要乱吃药，并以自己身边朋友的亲身经历进行说明。

“季弟病似疟疾，近已痊愈否？吾不以季弟病之易发为虑，而以季好轻下药为虑。吾在外日久，阅事日多，每劝人以不服药为上策。”

据曾国藩介绍，他的好友吴彤云病极重，“水米不进，已十四日矣”。家中已经开始准备后事，吴彤云还托付曾国藩帮他料理后事，曾国藩一面答应下来，一面劝他不要吃药。吴彤云接受了他的建议，十一天之后，病情开始慢慢好转。另一位好友李希庵也是病情很重，曾国藩知道后，对他说不可依赖医生：

“治心以广大二字为药，治身以不药二字为药。”

李希庵接受了他的建议，断药一个月后，病已经差不多痊愈。

因为不相信医生，所以曾国藩对待疾病，主张以自医为主。同治三年五月，九弟曾国荃生病了，他在信中说：

“弟病今日少愈否？肝病余所深知，腹疼则不知何证？屡观《郎山脉案》，以扶脾为主，不求速效，余深以为然。然心肝两家之病，究以自养自医为主，非药物所能为力。”

曾国藩平时爱读医书，常见病自己就知道怎么调理，根本就不用请医生。曾国荃的病主要是因为太过于愤怒和抑郁，以至于伤了肝，他认为，这样的病吃药不会有什么效果，关键要靠自己调节。

综合来看，曾国藩的“以不药为药”，不是不相信医生，关键是当时的医生庸医多、良医少，即使良医治愈率也只有70%，他平时也阅读医书，一些常见病自己就知道怎么治疗。曾国藩反对乱吃药，尤其是胡乱吃补药，他认为到必须吃药时，只吃必须的药即可，不用再添加补药。另外，在药疗和心疗之间，他认为，保持好心态，从心理上根治疾病非常重要。

四、除牢骚抑郁养豁达冲融

在“省”字秘中，介绍过戒除傲骄习气属于修身的范畴，傲骄与牢骚、抑郁相关。骄傲让人自满，每每觉得别人不如自己，牢骚让人自郁，事事觉得自己受到不公平待遇。这两种毛病往往同时出现在一个人身上，充满傲气的人，往往是牢骚多的人，而盛气凌人的人，内心往往非常抑郁。

六弟曾国华就属这类人，天分在几个弟弟中最高，唯牢骚太多，性情太懒，在京城的时候，本来打算好好学习，却不认真读书，又不喜欢写文章，回到家后，也是牢骚很多，有时数月不拿笔写一篇文章。曾家自从曾国藩后，就再没有人考取过功名，其他几个弟弟天赋不高，考不上情有可原，唯六弟是自暴自弃，不能说是命运不公。曾国华的这种状况，让曾国藩很忧心，不但多次劝说，而且引用身边的例子，用以告诫。

“吾尝见朋友中牢骚太甚者，其后必多抑塞，如吴柼台、凌荻舟之流，指不胜屈。盖无故而怨天，则天必不许，无故而尤人，则人必不服，感应之理，自然随之。温弟所处，乃读书人中最顺之境，•乃动则怨尤满腹，百不如意，实我之所不解。以后务宜力除此病，以吴柼台、凌荻舟为眼前之大戒。凡遇牢骚欲发之时，则反躬自思，吾果有何不足，而蓄此不平之气，猛然内省，决然去之。不惟平心谦抑，可以早得科名，亦一养此和气，可以稍减病患。万望温弟再三细想，勿以吾言为老生常谈，不直一哂也。”

曾国藩见到，朋友中牢骚太盛的人，后来必定内心抑郁，如吴柼台、凌荻舟等，这样的人会无缘无故怨天尤人。无故而怨天，天必定不会答应，无故而埋怨别人，别人必定不会谅解。六弟的读书条件已经很好了，反而动不动就满腹牢骚，感觉自己百事不如意，不知道是什么缘故，实在难以理解。以后务必改正这个毛病，以吴柼台、凌荻舟等人为前车之鉴。凡是遇到自己有牢骚时，一定要反躬自省，果真有什么不满而积累怨气吗？猛然自省，决然去之，不但可以平静自己的内心，而且可以让自己早日在科举上有所收获，也可以用这来养身。万望六弟再三思之，不要以为是老生常谈。

同治三年，曾氏兄弟攻下金陵，彻底平定太平天国叛乱，立下不世之功，被清政府分别赐封为一等侯爵、一等伯爵，兄弟同日封侯伯，这在历史上也是罕见的。曾氏兄弟达到了人生荣耀的顶峰，曾氏家族也最为风光、辉煌，但也是在这个时候，刚被封为伯爵的曾国荃就受到清政府训斥，清政府认为曾国荃攻下金陵后没有上交缴获的金银钱财，而且谎报了洪秀全儿子的死讯，并让其逃走。清政府的训斥给兴奋中的曾氏兄弟浇了一盆冷水，曾国藩愈发感觉到巨大功劳后面隐藏的巨大危机，也愈发坚定了裁汰湘军的策略，历史上兔死狗烹、鸟尽弓藏的例子不胜枚举，曾国藩深谙刚柔之道，他要用柔克刚，以退为进，从而为自己，也为曾家争取一份平安。

清政府的训斥曾国荃很不满，尤其是在和其他人对比之后，更为感到气愤。例如，李鸿章在攻下苏州后，太平军领袖人物李秀成逃走，左宗棠攻下杭州后，十多万太平军逃走，朝廷都没有指责，反而封赏不菲，到了他这里，攻下了更为具有政治意义的金陵，把太平军的老巢给端了，清政府却严厉训斥。曾国荃本来就对朝廷只封了自己一个伯爵而不满，认为清政府的封赏低了，而且功劳不如自己的李鸿章，也封了伯爵，曾国荃越想越委屈。

曾国荃充满牢骚，很是抑郁，曾国藩对他的心情非常了解，虽然自己也认为朝廷做得过分，但在写给他的信中，还是劝解说："你的肝气不能平伏，深为可虑。深究你郁郁不乐的原因，我觉得没有必要，自古以来，功劳再大的人，也不过就得到一个爵位而已，况且你已经得到伯爵的封赏，我也沾你的光，因为你攻下金陵得到侯爵的封赏，虽然别人察觉不到，你也不一定这么认为，但我自己心里清楚，已经详细告诉了你嫂子和侄子，今后还要让宗族所有人都知道，感谢你对这个家的贡献。你于国事家事，可谓都有成就，还有什么好抑郁的呢？一定要保重身体啊。"不久之后，曾国藩又给九弟去了一封信，进一步劝解，"你心中的抑郁我都知道，不过，你已经很有成就了，古人说，立德、立功、立言三不朽，我们能勉强做到其中一点，就已经很了不起了，何必还整天郁郁不乐呢？"

不过，无论曾国藩怎么劝，曾国荃还是抑郁之气难平，心病重重，不久之后，就辞职回家养病了。这次辞职，名为养病，实则是发泄对清政府的不满。曾国荃回老家后，因为心情不佳，真的生了一场大病。直到第二年，曾国藩为了让曾国荃走出困境，在他身体好了之后，向朝廷推荐他任山西巡抚。

投入了新的工作后，随着时间的推移，曾国荃心情才慢慢好起来。

曾国藩非常喜欢读韩愈、苏东坡、陶渊明等人的诗，他认为，领会到恬淡冲融之趣，才是胸怀长进处。

“自古圣贤豪杰，文人才子，其志事不同，而其豁达光明之胸大略相同。以诗言之，必先有豁达光明之识，而后有恬淡冲融之趣。如李白、韩退之、杜牧之则豁达处多，陶渊明、孟浩然、白香山则冲淡处多。杜、苏二公无美不备，而杜之五律最冲淡，苏之七古最豁达。邵尧夫虽非诗之正宗，而豁达、冲淡二者兼全。”

自古以来，圣贤豪杰、文人士子，他们的志向事业虽然不一样，但心胸豁达光明却是一样的。以诗人来说，必先有光明豁达的见识，才能写出具有恬淡冲融之气的好作品，李白、韩愈、杜牧，他们非常豁达，而陶渊明、孟浩然、白香山则特别冲融。杜甫、苏东坡两人的诗，各方面都非常完美，杜甫的五律诗尤为冲淡，苏东坡的七律诗最为豁达，邵尧夫虽算不上写诗的正宗，但豁达、冲融两方面都具备。

曾国藩非常喜欢读《庄子》，尤其钦佩庄子的豁达胸襟，并从学习庄子的豁达胸襟中获益良多。庄子的自然之道让曾国藩非常陶醉。《庄子》中有一段话：

“生而美者，人与之鉴，不告则不知其美于人也。若知之，若不知之，若闻之，若不闻之，其可喜也终无已，人之好之亦无已，性也。圣人之爱人也，人与之名，不告则不知其爱人也。若知之，若不知之，若闻之，若不闻之，其爱人也终无已，人之安之亦无已，性也。”

曾国藩特别喜欢这段话。生来就漂亮的人，是因为别人给他做了一面镜子，如果不通过比较，也不会知道自己比别人漂亮，他对这种情况，好像知道，又好像不知道，好像听见，又好像没听见，内心的喜悦不会终止，人们对他的好感也不会终止，这是出于人的自然本性。圣人仁爱众人，是因为人们给予了他相应的名字，如果人们不这样称誉，圣人就不知道自己在仁爱他人，对这种情况，好像知道，又好像不知道，好像听见，又好像没听见，他给予人们的爱不会终止，人们也不会终止安于这样的爱，这是出于人的自然本性。庄子认为，符合自然之道，才能真正的长久喜悦。

在庄子的熏陶下，曾国藩的心境冲淡平和了很多，若能长久享有这种恬淡冲融的心境，就像尧舜那样，即使用整个天下来交换，也不愿意。他在家信中对弟弟们说，现在我们都在办军务，身处功名利禄之地，应该时刻勤劳、谨慎，以求有所作为，但在军务之外，需要注意养成恬淡冲融之气。积极入世的心态，需要和恬淡冲融之心态配合起来，只有两者齐头并进，以恬淡的心态来看待我们在军事上的成功，这样才最有意味。为了让九弟养成这种心态，曾国藩还特意刻了一枚“劳谦君子”的印章送给他。

曾国藩在指导子女求学的时候，也非常注重让他们养成恬淡冲融之气。同治六年，曾纪泽给父亲寄来了自己写的十五首七律诗，曾国藩看后比较满意，认为诗意圆适深稳、步趋义山，劲气倔强处颇似山谷。曾纪泽的天性比较适合写有情韵、趣味的诗，胸襟也比较淡雅，曾国藩对此进行了肯定，并鼓励他进一步培养这种胸气。他还把自己心得传授给儿子：

“凡诗文趣味约有二种：一曰诙诡之趣，一曰闲适之趣。诙诡之趣，惟庄柳之文，苏黄之诗，韩公诗文，皆极诙诡，此外实不多见。闲适之趣，文惟柳子厚游记近之，诗则韦孟白傅均极闲适；而余所好者，尤在陶之五古、杜之五律、陆之七绝，以为人生具此高谈襟怀，虽南面王不以易其乐也。尔胸怀颇雅淡，试将此三人之诗研究一番，但不可走入孤僻一路耳。”

他说：“大凡诗文的趣味可分为两种：一种是诙谐之趣，一种是闲适之趣。诙谐之趣方面，有庄子、柳宗元的文章，苏东坡、黄庭坚的诗；韩愈的诗也很诙谐，这是难能可贵的。闲适之趣方面，柳宗元的游记类文章比较接近，韦应物、孟浩然、白居易的诗也是。而我最喜欢陶渊明的五律、杜甫的五律、陆游的七绝，人生要是具备他们那样的高雅境界、恬淡胸怀，即使用皇帝位置来换也不愿意。你可将他们三个人的诗拿来研究一番，但不可走入孤僻的道路。”古代名士，淡雅的不少，但其中也有一些最后走入了孤僻遁世的道路，他告诫儿子，追求淡雅胸襟则可，但不能走入极端。

追求豁达冲融的心境，是曾国藩区别于一般官僚的地方，充分体现了他的文人情怀和高雅志趣，这也是他的人格魅力所在，今天我们学习曾国藩，也是为他这种魅力所吸引，例如我们学他做官，不是要变成一个争权夺利的政客官僚，而是要像他那样能立能达、从容不迫，同时又在心态上和官场保持若即若离，追求陶渊明式的恬淡人生。

这既是诗文之道，也是养生之道。

五、乐天知命顺应自然

故君子之道，知命为第一要务，不知命无以为君子也。

曾国藩自从五十以后，对于道家的思想有深入体悟，在为政、治军中，善于运用刚柔、盈虚、进退之道，在养生上，则善于乐天知命、顺应自然。同治四年九月，他在写给曾纪泽的信中说：

“吾于凡事皆守‘尽其在我，听其在天’二语，即养生之道亦然。”

在养生上面，他有很多心得，也有很多操作方法，但具体效果怎么样，并不操心，秉持尽其在我、听其在天的心态，听天由命，反而取得了意想不到的养生效果。

曾国藩喜欢读《庄子》。庄子是道家的代表人物，崇尚自由，追求自然之道。在《逍遥游》中，庄子认为，并不是像鲲鹏那样大，飞得那么远，就一定自由，也不是像野马（尘埃）那么小，随风飘动，就一定不自由，自由的关键不在于大小、强弱，而在于心境能否体会到“无”，如果一个人做到无名、无功、无己的境界，就自由了。在养生方面，庄子主张珍惜生命、清静无为、顺应自然，在他的《养生主》中，开篇就说：

“吾生也有涯，而知也无涯。以有涯随无涯，殆已。已而为知者，殆而已矣。为善无近名，为恶无近刑，缘督以为经，可以保身，可以全生，可以养亲，可以尽年。”

人的生命是有限的，而知识却是无限的，以有限的生命去追求无限的知识，必定劳神费力，必然会把自己弄得精疲力竭，这于健康是很危险的。善于养生的人，做了善事却没留下名声，做了恶事却没受到刑罚，奉中庸之道为常法，就可以保护身体，保全生命，就可以奉养父母，以终天年。

曾国藩特别喜欢读《庄子》，针对《养生主》还做了长长的读书笔记。在与儿子的通信中，他说：“吾好读《庄子》，以其豁达足益人胸襟也。”通过读庄子，他体悟出人生至理：

“知天之长，而吾所历者短，则忧患横逆之来，当少忍以待其定；知地之大，而吾所居者小，则遇荣利争夺之境，当退让以守其雌。”

岁月很长，人生经历很短，遇到不顺心的时候，遇到逆境的时候，不要着急，要稍忍一会，待事情定下来之后再做决断。天地很大，自己真正拥有的却很少，遇到荣誉、利益竞争的时候，不妨退让一步。

顺应自然，乐天知命，是养生的大智慧。东汉哲学家王充说：“人本于天，天本于道，道本自然。顺乎自然，即是最上养生之道。”很多人都通过顺应自然的生活方式获得了健康长寿。

六、坦然面对生死

寿之长短，病之有无，一概听其在天，不必多生妄想去计较。

曾国藩的一生，早年生活比较平静，中年带兵打仗后，经历大小战役无数，四次面临生死险境，两次跳河自杀。

咸丰四年四月，湘军初步练成，却被朝廷日催夜促，加之自己没有多少领军经验，听说靖港的守军少，唾手可得，就派湘军战船逼近靖港，结果中了太平军的空城计，以至于惨败。雄心勃勃而来，却遭遇惨败，曾国藩既羞愤，又担心朝廷追究他失败的责任，立于船头的时候，想到可能的后果，他一咬牙，闭眼跳进了湘江。幸亏侍卫长李元度反应快，及时把他救了上来。

咸丰五年初，曾国藩率水师进军江西湖口，对手是太平军大将石达开，再次遭遇失败。石达开搜获曾国藩的家书、奏章、地图和咸丰皇帝给他的上谕，为了以防被俘受辱，曾国藩再次投水自杀。亲兵们经历过曾国藩第一次跳水自杀，有所防备，他刚跳下去就被救了上来。

咸丰六年，曾国藩的部队转战江西，在南昌被太平军围困，和外界通信中断，即便送信的人化装潜行，往往还是被太平军识破，信使被捕杀者达百人以上。正当曾国藩在南昌城内岌岌可危的时候，太平天国东王杨秀清将石达开调回天京，参加攻破清军江南大营的战斗，并带走大批太平军，曾国藩才得以死里逃生。

咸丰十年，在祁门战役中，再次身历险境，且情况非常危急，当时，曾国藩料定难以活命，连遗嘱都写好了，委托曾国荃和曾国葆妥善处理后事。后来，幸好太平军志不在攻破曾国藩的大营，提前撤走，才让他死里逃生。

长期的军事生涯和生死经历，养成了曾国藩沉稳的气度，他也早就将生死置之度外。咸丰十年，祁门战役的紧急时刻，他在写给四弟的家信中还说：

“余添窃高位，又窃虚名，生死之际，坦然怡然。惟部下兵勇四五万人，若因饷断而败，亦殊不忍坐视而不为之所。”

在军情紧急之际，他不计较个人生死，唯一放心不下的就是士兵们的军饷问题。

曾国藩在祁门战役中留下了一份遗嘱，若干年后，在处理天津教案前，又留下了一份遗嘱。面对九死一生的前景，他不怕死，不慌乱，从容应对即将到来的死亡。

曾国藩是儒家知识分子，传统儒家认为，生死关头是检验一个人平时修养功夫的重要时刻，如果在生死关头慌乱失节，即使平时修养表现得再好，也存在严重不足，并没有和自己的生命融为一体。儒家历史上，有很多从容面对死亡的例子，例如，子路结缨、尽礼而亡；曾子易箦、全礼而终。

子路和曾子都是孔子的得意弟子。子路面对成群敌人包围，身受重伤，即将死去，而这时他看到自己帽子上的带子没系好，就系好带子、戴好帽子，从容逝去；曾子临死前，发现自己躺在一张只有卿大夫才能用的席子上，就让儿子换一张，等儿子换完后，才闭上眼睛。

曾国藩临死之前的事迹，也很从容。

曾国藩是同治十一年二月初四去世的，在去世的前一天晚上，他还照常写日记：

“早起，蒋、萧两大令来诊脉，良久去。早饭后，清理文件，阅《理学宗传》。围棋二局。至上房一坐。又阅《理学宗传》。中饭后，阅本日文件。李绂生来一坐。屡次小睡。核科房批稿簿。傍夕久睡。又有手颤心摇之象，起吃点心后，又在洋床久睡。阅《理学宗传》中张子一卷。二更四点睡。”

早上，蒋、萧两位医生来给他诊脉，医生看得比较仔细，很久才离去。吃完早饭后，他清理了当天的文件，并看了会《理学宗传》，《理学宗传》是一本非常专业的儒家书籍，作者是孙奇逢，成书于康熙五年，曾国藩非常喜爱。从这天日记中，我们能看到曾国藩当天的活动，和平时一样，没有什么区别，只是身体越来越差，屡次犯困，还有手颤心摇之象。

据曾国藩小女儿曾纪芬的《崇德老人自订年谱》记载：

同治十一年正月二十三日，文正公对客，偶患脚筋上缩，移时而复。入内室时，语仲姊曰：“吾适以为大限将至，不自意又能复常也。”至二十六日，出门拜客，忽欲语而不能，似将动风抽掣者，稍服药旋即愈矣。众以请假暂休为劝，公曰：“请假后宁尚有销假时耶？”又询欧阳太夫人以竹亭公逝时病状。盖竹亭公亦以二月初四日逝世也。语竟，公曰：“吾他日当俄然而逝，不至如此也。”至二月初四日，饭后在内室小坐，余姊妹剖橙以进，公少尝之，旋至署西花园中散步。花园甚大，而满园已走遍，尚欲登楼，以工程未毕而止。散步久之，忽足屡前蹴，惠敏在旁请曰：“纳履未安耶？”公曰：“吾觉足麻也。”惠敏亟与从行之戈什哈扶掖，渐不能行，即已抽搐，因呼椅至，掖坐椅中，舁以入花厅，家人环集，不复能语，端坐三刻遂薨。

惠敏是曾纪泽的号，曾国藩去世前几天虽然身体不好，但坚持工作，家人让他请几天假，他反问请假总有销假时！

曾国藩后半生身体都不好，头晕、目眩、皮肤病一直伴随，但他比一个身体健康的人还要勤奋，早上很早起床，白天忙于政务，晚上看书到很晚，直到临死前一天还坚持写日记，一个瘦弱的病躯能做到这样，并活到61岁，经历大小阵仗无数，这得益于他的内在精神保养和外在身体保养法。尤为突出的是，他死的时候很从容，几乎没有痛苦，确实值得我们钦佩、学习！

附录:

《清史稿·曾国藩传》

曾国藩，初名子城，字涤生，湖南湘乡人。家世农。祖玉屏，始慕乡学。父麟书，为县学生，以孝闻。

国藩，道光十八年进士。二十三年，以检讨典试四川，再转侍读，累迁内阁学士、礼部侍郎，署兵部。时太常寺卿唐鉴讲学京师，国藩与倭仁、吴廷栋、何桂珍严事之，治义理之学。兼友梅曾亮及邵懿辰、刘传莹诸人，为词章考据，尤留心天下人才。

咸丰初，广西兵事起，诏群臣言得失。奏陈今日急务，首在用人，人才有转移之道，有培养之方，有考察之法。上称其剀切明辨。寻疏荐李棠阶、吴廷栋、王庆云、严正基、江忠源五人。寇氛益炽，复上言："国用不足，兵伍不精，二者为天下大患。于岁入常额外，诚不可别求搜刮之术，增一分则民受一分之害。至岁出之数，兵饷为钜，绿营兵额六十四万，常虚六七万以资给军用。自乾隆中增兵议起，岁糜帑二百余万。其时大学士阿桂即忧其难继，嘉、道间两次议裁，不及十之四，仍宜汰五万，复旧额。自古开国之初，兵少而国强，其后兵愈多则力愈弱，饷愈多则国愈贫。应请皇上注意将才，但使七十一镇中有十余镇足为心腹，则缓急可恃矣。"又深痛内外臣工谄谀欺饰，无陈善责难之风。因上敬陈圣德预防流弊一疏，切指帝躬，有人所难言者，上优诏答之。历署刑部、吏部侍郎。二年，典试江西，中途丁母忧归。

三年，粤寇破江宁，据为伪都，分党北犯河南、直隶，天下骚动，而国藩已前奉旨办团练于长沙。初，国藩欲疏请终制，郭嵩焘曰："公素具澄清之抱，今不乘时自效，如君父何？且墨绖从戎，古制也。"遂不复辞。取明戚继光遗法，募农民朴实壮健者，朝夕训练之。将领率用诸生，统众数不逾五百，号"湘勇"。腾书遐迩，虽卑贱与钧礼。山野材智之士感其诚，莫不往见，人人皆以曾公可与言事。四境土匪发，闻警即以湘勇往。立三等法，不以烦府县狱。旬月中，莠民猾胥，便宜捕斩二百余人。谤讟四起，自巡抚司道下皆心诽之，至以盛暑练操为虐士。然见所奏辄得褒答受主知，未有以难也。一日标兵与湘勇閧，至阑入国藩行台。国藩亲诉诸巡抚，巡抚漫谢之，不为理，即日移营城外避标兵。或曰："曷以闻？"国藩叹曰："大难未已，吾人敢以私愤渎君父乎？"

尝与嵩焘、忠源论东南形势多阻水，欲剿贼非治水师不可，乃奏请造战舰于衡州。匠卒无晓船制者，短桡长桨，出自精思，以人力胜风水，遂成大小二百四十舰。募水陆万人，水军以褚汝航、杨载福、彭玉麟领之，陆军以塔齐布、罗泽南领之。贼自江西上窜，再陷九江、安庆。忠源战殁庐州，吴文镕督师黄州亦败死。汉阳失，武昌戒严，贼复乘势扰湖南。国藩锐欲讨贼，率水陆军东下。舟师初出湖，大风，损数十艘。陆师至岳州，前队溃退，引还长沙。贼陷湘潭，邀击靖港，又败，国藩愤投水，幕下士章寿麟掖起之，得不死。而同时塔齐布大破贼湘潭，国藩营长沙高峰寺，重整军实，人人揶揄之。或请增兵，国藩曰："吾水陆万人非不多，而遇贼即溃。岳州之败，水师拒战者惟载福一营；湘潭之战，陆师塔齐布、水师载福各两营：以此知兵贵精不贵多。故诸葛败祁山，且谋减兵损食，勤求己过，非虚言也。且古人用兵，先明功罪赏罚。今世乱，贤人君子皆潜伏，吾以义声倡导，同履危亡。诸公之初从我，非以利动也，故于法亦有难施，其致败由此。"诸将闻之皆服。

陆师既克湘潭，巡抚、提督上功，而国藩请罪。上诘责提督鲍起豹，免其官，以塔齐布代之。受印日，士民聚观，叹诧国藩为知人，而天子能明见万里也。

贼自岳州陷常德，旋北走，武昌再失。国藩引兵趋岳州，斩贼枭将曾天养，连战，下城陵矶。会师金口，谋取武昌。泽南沿江东岸攻花园寇屯，塔齐布伏兵洪山，载福舟师深入寇屯，士皆露立，不避铅丸。武昌、汉阳贼望见官军盛，宵遁，遂复二郡。国藩以前靖港败，自请夺官，至是奏上，诏署湖北巡抚，寻加兵部侍郎衔，解署任，命督师东下。

当是时，水师奋厉无前，大破贼田家镇，毙贼数万，至于九江，前锋薄湖口。攻梅家洲贼垒不下，驶入鄱湖。贼筑垒湖口断其后，舟不得出，于是外江、内湖阻绝。外江战船无小艇，贼乘舴艋夜袭营，掷火烧坐船，国藩跳而免，水师遂大乱。上疏请罪，诏旨宽免，谓于大局无伤也。五年，贼再陷武汉，扰荆襄。国藩遣胡林翼等军还援湖北，塔齐布留攻九江，而躬至南昌抚定水师之困内湖者。泽南从征江西，复弋阳，拔广信，破义宁，而塔齐布卒于军。国藩在江西与巡抚陈启迈不相能，泽南奔命往来，上书国藩，言东南大势在武昌，请率所部援鄂，国藩从之。幕客刘蓉谏曰："公所恃者塔、罗。今塔将军亡，罗又远行，脱有急，谁堪使者？"国藩曰："吾计之熟矣，东南大局宜如是，俱困于此无为也。"嵩焘祖饯泽南曰："曾公兵单，奈何？"泽南曰："天苟不亡本朝，公必不死。"九月，补授兵部侍郎。

六年，贼酋石达开由湖北窜江西，连陷八府一州，九江贼踞自如，湖南北声息不相闻。国藩困南昌，遣将分屯要地，羽檄交驰，不废吟诵。作水陆师得胜歌，教军士战守技艺、结营布陈之法，歌者咸感奋，以杀贼敢死为荣。顾众寡，终不能大挫贼。议者争请调泽南军，上以武汉功垂成，不可弃。泽南督战益急，卒死于军。玉麟闻江西警，芒鞋走千里，穿贼中至南昌助守。林翼已为湖北巡抚，国藩弟国华、国葆用父命乞师林翼，将五千人攻瑞州。湖南巡抚骆秉章亦资国荃兵援吉安，兄弟皆会行间。而国藩前所遣援湖北诸军，久之再克武汉，直下九江，李续宾八千人军城东。续宾者，与弟续宜皆泽南高第弟子也。载福战船四百泊江两岸，江宁将军都兴阿马队、鲍超步队驻小池口，凡数万人。国藩本以忧惧治军，自南昌迎劳，见军容甚盛，益申儆告诫之。而是时江南大营溃，督师向荣退守丹阳，卒。和春为钦差大臣，张国樑总统诸军攻江宁。

七年二月，国藩闻父忧，迳归。给三月假治丧，坚请终制，允开侍郎缺。林翼既定湖北，进围九江，破湖口，水师绝数年复合。载福连拔望江、东流，扬飙过安庆，克铜陵泥汊，与江南军通。由是湘军水师名天下。林翼以此军创始国藩，杨、彭皆其旧部，请起国藩视师。会九江克复，石达开窜浙江，浸及福建，分股复犯江西，朝旨诏国藩出办浙江军务。

国藩至江西，屯建昌，又诏援闽。国藩以闽贼不足虑，而景德地冲要，遣将援赣北，攻景德。国荃追贼至浮梁，江西列城次第复。时石达开复窜湖南，围宝庆。上虑四川且有变，林翼亦以湖北饷倚川盐，而国藩又久治兵，无疆寄，乃与官文合疏请国藩援蜀。会贼窜广西，上游兵事解，而陈玉成再破庐州，续宾战殁三河，林翼以群盗蔓庐、寿间，终为楚患，乃改议留国藩合谋皖。军分三道，各万人。国藩由宿松、石牌规安庆，多隆阿、鲍超出太湖取桐城，林翼自英山乡舒、六。多隆阿等既大破贼小池，复太湖、潜山，遂军桐城。国荃率诸军围安庆，与桐城军相掎角。安庆未及下，而皖南贼陷广德，袭破杭州。

李秀成大会群贼建平，分道援江宁，江南大营复溃，常州、苏州相继失，咸丰十年闰三月也。左宗棠闻而叹曰："此胜败之转机也！江南诸军，将蹇兵疲久矣。涤而清之，庶几后来可藉手乎？"或问："谁可当者？"林翼曰："朝廷以江南事付曾公，天下不足平也。"于是天子慎选帅，就加国藩兵部尚书衔，署理两江总督，旋即真，授钦差大臣。是时江、浙贼氛炽，或请撤安庆围先所急。国藩曰："安庆一军为克金陵张本，不可动也。"遂南渡江，驻祁门。江、浙官绅告急书日数十至，援苏、援沪、援皖、援镇江诏书亦叠下。国藩至祁门未数日，贼陷宁国，陷徽州。东南方困兵革，而英吉利复失好，以兵至。僧格林沁败绩天津，文宗狩热河，国藩闻警，请提兵北上，会和议成，乃止。

其冬，大为贼困，一出祁门东陷婺源；一出祁门西陷景德；一入羊栈岭攻大营。军报绝不通，将吏惵然有忧色，固请移营江干就水师。国藩曰："无故退军，兵家所忌。"卒不从，使人间行檄鲍超、张运兰亟引兵会。身在军中，意气自如，时与宾佐酌酒论文。自官京朝，即日记所言行，后履危困无稍间。国藩驻祁门，本资饷江西，及景德失，议者争言取徽州通浙米。乃自将大军次休宁，值天雨，八营皆溃，草遗嘱寄家，誓死守休宁。适宗棠大破贼乐平，运道通，移驻东流。多隆阿连败贼桐城，鲍超一军游击无定居，林翼复遣将助之。十一年八月，国荃遂克安庆。捷闻，而文宗崩，林翼亦卒。穆宗即位，太后垂帘听政，加国藩太子少保衔，命节制江苏、安徽、江西、浙江四省。国藩惶惧，疏辞，不允，朝有大政，咨而后行。

当是时，伪天王洪秀全僭号踞金陵，伪忠王李秀成等犯苏、沪，伪侍王李世贤等陷浙杭，伪辅王杨辅清等屯宁国，伪康王汪海洋窥江西，伪英王陈玉成屯庐州，捻首苗霈霖出入颍、寿，与玉成合，图窜山东、河南，众皆号数十万。国藩与国荃策进取，国荃曰："急捣金陵，则寇必以全力护巢穴，而后苏、杭可图也。"国藩然之。乃以江宁事付国荃，以浙江事付宗棠，而以江苏事付李鸿章。鸿章故出国藩门，以编修为幕僚，改道员，至是令从淮上募勇八千，选良将付之，号"淮军"。同治元年，拜协办大学士，督诸军进讨。于是国荃有捣金陵之师，鸿章有征苏、沪之师，载福、玉麟有肃清下游之师；大江以北，多隆阿有取庐州之师，续宜有援颍州之师；大江以南，鲍超有攻宁国之师，运兰有防剿徽州之师，宗棠有规复全浙之师：十道并出，皆受成于国藩。

贼之都金陵也，坚筑壕垒，饷械足，猝不可拔。疾疫大作，将士死亡山积，几不能军。国藩自以德薄，请简大臣驰赴军，俾分己责，上优诏慰勉之，谓："天灾流行，岂卿一人之咎？意者朝廷政多缺失，我君臣当勉图禳救，为民请命。且环顾中外，才力、气量无逾卿者！时势艰难，无稍懈也。"国藩读诏感泣。时洪秀全被围久，召李秀成苏州，李世贤浙江，悉众来援，号六十万，围雨花台军。国荃拒战六十四日，解去。三年五月，水师克九洑洲，江宁城合围。十月，鸿章克苏州。四年二月，宗棠克杭州。国藩以江宁久不下，请鸿章来会师，未发，国荃攻益急，克之。江宁平，天子褒功，加太子太傅，封一等毅勇侯，赏双眼翎。开国以来，文臣封侯自是始。朝野称贺，而国藩功成不居，粥粥如畏。

穆宗每简督抚，辄密询其人，未敢指缺疏荐，以谓疆臣既专征伐，不当更分黜陟之柄，外重内轻之渐，不可不防。

初，官军积习深，胜不让，败不救。国藩练湘军，谓必万众一心，乃可办贼，故以忠诚倡天下。其后又谓淮上风气劲，宜别立一军。湘勇利山径，驰骋平原非所长，且用武十年，气亦稍衰矣，故欲练淮士为湘勇之继。至是东南大定，裁湘军，进淮军，而捻匪事起。

捻匪者，始于山东游民相聚，其后剽掠光、固、颍、亳、淮、徐之间，捻纸燃脂，故谓之“捻”。有众数十万，马数万，蹂躏数千里，分合不常。捻首四人，曰张总愚、任柱、牛洪、赖文光。自洪寇、苗练尝纠捻与官军战，益悉攻斗，胜保、袁甲三不能御。僧格林沁征讨数年，亦未能大创之。国藩闻僧军轻骑追贼，一日夜三百余里，曰：“此于兵法，必蹶上将军。”未几而王果战殁曹州，上闻大惊，诏国藩速赴山东剿捻，节制直隶、山东、河南三省，而鸿章代为总督，廷旨日促出师。国藩上言：“楚军裁撤殆尽，今调刘松山一军及刘铭传淮勇尚不足。当更募徐州勇，以楚军之规模，开齐、兖之风气；又增募马队及黄河水师，皆非旦夕可就。直隶宜自筹防兵，分守河岸，不宜令河南之兵兼顾河北。僧格林沁尝周历五省，臣不能也。如以徐州为老营，则山东之兖、沂、曹、济，河南之归、陈，江苏之淮、徐、海，安徽之庐、凤、颍、泗，此十三府州责之臣，而以其余责各督抚。汛地有专属，则军务乃渐有归宿。”又奏：“扼要驻军临淮关、周家口、济宁、徐州，为四镇。一处有急，三处往援。今贼已成流寇，若贼流而我与之俱流，必致疲于奔命。故臣坚持初议，以有定之兵，制无定之寇，重迎剿，不重尾追。”然督师年余，捻驰突如故。将士皆谓不苦战而苦奔逐，乃起张秋抵清江筑长墙，凭运河御之，未成而捻窜襄、邓间，因移而西，修沙河、贾鲁河，开壕置守。分地甫定，而捻冲河南汛地，复窜而东。时议颇咎国藩计迂阔，然亦无他术可制捻也。

山东、河南民习见僧格林沁战，皆怪国藩以督兵大臣安坐徐州，谤议盈路。国藩在军久，益慎用兵。初立驻军四镇之议，次设扼守黄运河之策。既数为言路所劾，亦自以防河无效，朝廷方起用国荃，乃奏请鸿章以江督出驻徐州，与鲁抚会办东路；国荃以鄂抚出驻襄阳，与豫抚会办西路：而自驻周家口策应之。或又劾其骄妄，于是国藩念权位不可久处，益有忧谗畏讥之心矣。匄病假数月，继请开缺，以散员留军效力；又请削封爵：皆不许。

五年冬，还任江南，而鸿章代督军。时牛洪死，张总愚窜陕西，任柱、赖文光窜湖北，自是有东西捻之号。六年，就补大学士，留治所。东捻由河南窜登、莱、青，李鸿章、刘长佑建议合四省兵力堵运河。贼复引而西，越胶、莱、河南入海州。官军阵斩任柱，赖文光走死扬州。以东捻平，加国藩云骑尉世职。西捻入陕后，为松山所败。乘坚冰渡河窜山西，入直隶，犯保定、天津。松山绕出贼前，破之于献县。诸帅勤王师大至，贼越运河窜东昌、武定。鸿章移师德州，河水盛涨，扼河以困之。国藩遣黄翼升领水师助剿，大破贼于茌平。张总愚赴水死，而西捻平。凡防河之策，皆国藩本谋也。是年授武英殿大学士，调直隶总督。

国藩为政务持大体，规全势。其策西事，议先清陇寇而后出关；筹滇、黔，议以蜀、湘二省为根本。皆初立一议，后数年卒如其说。自西人入中国，交涉事日繁。金陵未下，俄、美、英、法皆请以兵助，国藩婉拒之。及廷议购机轮，置船械，则力赞其成，复建议选学童习艺欧洲。每定约章，辄诏问可许不可许，国藩以为争彼我之虚仪者可许，其夺吾民生计者勿许也。既至直隶，以练兵、饬吏、治河三端为要务，次第兴革，设清讼局、礼贤馆，政教大行。

九年四月，天津民击杀法领事丰大业，毁教堂，伤教民数十人。通商大臣崇厚议严惩之，民不服。国藩方病目，诏速赴津，乃务持平保和局，杀十七人，又遣戍府县吏。国藩之初至也，津民谓必反崇厚所为，备兵以抗法。然当是时，海内初定，湘军已散遣，天津咫尺京畿，民、教相閧，此小事不足启兵端，而津民争怨之。平生故旧持高论者，日移书谯让，省馆至毁所署楹帖，而国藩深维中外兵势强弱，和战利害，惟自引咎，不一辩也。丁日昌因上奏曰："自古局外议论，不谅局中艰苦，一唱百和，亦足以荧上听，挠大计。卒之事势决裂，国家受无穷之累，而局外不与其祸，反得力持清议之名，臣实痛之！"

国藩既负重谤，疾益剧，乃召鸿章治其狱，逾月事定，如初议。会两江缺出，遂调补江南，而以鸿章督直隶。江南人闻其至，焚香以迎。以乱后经籍就熸，设官书局印行，校刊皆精审。礼聘名儒为书院山长，其幕府亦极一时之选，江南文化遂比隆盛时。

国藩为人威重，美须髯，目三角有棱。每对客，注视移时不语，见者竦然，退则记其优劣，无或爽者。天性好文，治之终身不厌，有家法而不囿于一师。其论学兼综汉、宋，以谓先王治世之道，经纬万端，一贯之以礼。惜秦蕙田五礼通考阙食货，乃辑补盐课、海运、钱法、河堤为六卷；又慨古礼残阙无军礼，军礼要自有专篇，如戚敬元所纪者。论者谓国藩所订营制、营规，其于军礼庶几近之。晚年颇以清静化民，俸入悉以养士。老儒宿学，群归依之。尤知人，善任使，所成就荐拔者，不可胜数。一见辄品目其材，悉当。时举先世耕读之训，教诫其家。遇将卒僚吏若子弟然，故虽严惮之，而乐为之用。居江南久，功德最盛。

同治十三年，薨于位，年六十二。百姓巷哭，绘像祀之。事闻，震悼，辍朝三日。赠太傅，谥文正，祀京师昭忠、贤良祠，各省建立专祠。子纪泽袭爵，官至侍郎，自有传；纪鸿赐举人，精算，见畴人传。

论曰：国藩事功本于学问，善以礼运。公诚之心，尤足格众。其治军行政，务求蹈实。凡规画天下事，久无不验，世皆称之，至谓汉之诸葛亮、唐之裴度、明之王守仁，殆无以过，何其盛欤！国藩又尝取古今圣哲三十三人，画像赞记，以为师资，其平生志学大端，具见于此。至功成名立，汲汲以荐举人才为己任，疆臣阃帅，几遍海内。以人事君，皆能不负所知。呜呼！中兴以来，一人而已。

曾氏家族主要成员表

代数	姓名	事迹
第一代	曾竟希	孝友敦笃，生活节俭，很受当地人尊敬，对曾国藩非常喜爱，74岁去世。曾国藩的出生事迹和曾竟希的梦联系在一起。
第二代	曾玉屏	曾氏家族的奠基者，制订了家训“八字诀”和“三不信”，对曾国藩影响很大。76岁去世，曾国藩任礼部侍郎时，曾玉屏还健在，时人非常羡慕他的福气。
第三代	曾麟书	资质一般，但学习刻苦，为曾家数百年来第一位秀才，中年后秉持父亲家训，教导子弟严谨而宽和。67岁去世，晚年担任家乡团练负责人，但很低调。
	曾麒云	一生平淡，没有生育儿子，过继兄长第三子曾国华承续香火。
第四代	曾国藩	曾氏家族从乡村农家变为名门望族的关键人物，创办湘军、戡定叛乱，生前任大学士、两江总督、直隶总督，被封为一等毅勇侯，谥文正，追赠太傅。《家书》和《日记》是其修身齐家的代表作，在祖辈基础上进一步完善家训，教导子弟勤俭持家，保持寒士之风。61岁去世。
	曾国潢	代替大哥主持家族事务，也是曾国藩治家思想的直接落实者。比曾国藩小9岁，66岁去世。
	曾国华	曾在湘军中任职，后在与太平军作战中战死。比曾国藩小11岁，去世时36岁。
	曾国荃	曾氏兄弟的另一杰出者，对曾国藩统帅湘军帮助很大，是攻克南京的前线总指挥。生前担任礼部尚书、两江总督、通商事务大臣，被封为一等伯，谥忠襄。比曾国藩小13岁，去世时66岁。
	曾国葆	在湘军中任职，后病死军中，追赠内阁学士，谥靖毅。比曾国藩小18岁，去世时33岁。

第五代	曾纪泽	曾国藩儿子，继承爵位，后出使英、法、俄，从沙俄手中收复伊犁。生前任户部左侍郎，谥惠敏。去世时 51 岁。
	曾纪鸿	曾国藩儿子，数学家，计算出圆周率 3.14 后的 100 多位数。去世时 33 岁。妻子郭筠，编有《富厚堂日程》，对曾氏后辈子弟成才作用重大。
	曾纪芬	曾国藩女儿，一生由侯门千金小姐，而巡抚夫人，而工商巨擘太夫人。号崇德老人，享年 90 岁。
	曾纪官	曾国荃次子，资质较高，被曾国藩称为“少年秀才”，可惜 29 岁就去世。妻子刘鉴，编有《集字避复》、《曾氏女训》，在她的教导下，曾国荃后裔多有人才。
第六代	曾广銮	曾纪泽儿子，继承爵位。47 岁去世。
	曾广钧	曾纪鸿长子，曾国藩长孙。光绪十五年得中进士，授翰林院编修。其诗惊才艳丽，王闿运称为圣童，梁启超誉为诗界八贤，是戊戌变法时期的维新派。
	曾广铨	曾纪鸿儿子，后过继给曾纪泽。精通英语、法语、德语和满文，曾担任清政府驻韩国和德国大使，后担任京师大学堂译学馆总办，是著名的翻译家。去世时 69 岁。
	曾广钟	曾纪鸿儿子，曾率兵援朝抗日，中日讲和后撤回，辛亥革命后解甲归田，退出政界。
	曾广珊	曾国藩孙女，曾纪鸿独生女。其母郭筠，时为有名女诗人，曾广珊自幼即耳濡目染，也爱吟诗填词，亦可称清代著名女诗人。
	曾广植	曾国华之孙，就读于美国马里兰大学和俄亥俄州立大学，获化学硕士学位，1957 年回国后任中国科学院上海有机化学研究所研究员，是我国味道化学理论的创始人。
	曾广泰	国民党少将。
	曾广镕	国民党少将。

第七代	曾约农	曾广铨之子，1909年考取第一届庚子赔款赴英留学，在伦敦大学攻读矿冶，获博士学位。后在台湾任教，东海大学特聘他为终身荣誉校长，并将校门口连接到教学区的主要道路命名为约农路。1986年去世，享年95岁。
	曾宝荪	曾广钧之女，留学英国，中国女子中的第一个理科学士。一生以教育为业，终身未婚。1951年受宋美龄邀请到了台湾，随同带有曾国藩、曾国荃、曾纪泽、曾广钧等人的日记及其他重要手稿，1971年，又将这批珍贵历史文献寄存在台北故宫博物院，从而使它们得以完好保存。1978年去世，享年85岁。
	曾宝菡	曾广钟女儿，广济医学院毕业，获博士学位，曾任广济医学院儿童骨科部主任。与曾宝荪一样，终身未嫁。
	曾昭抡	曾国潢曾孙，美国麻省理工学院化学博士，新中国成立后先后担任北京大学化学系主任，中国科学院学部委员、化学研究所所长，国家教育部副部长，国家高教部副部长等职，是我国新型化学的奠基人之一。
	曾昭杭	曾国藩曾孙，上海美术专门学校毕业，从事美术教育，1949年前曾任长沙华中美术学校校长。
	曾昭燏	曾国潢曾孙女，著名的文博专家，曾任南京博物院院长。
	曾昭权	16岁考取清华大学“史前班”第一批赴美留学生，获美国麻省理工大学电机工程学士后归国，20世纪30年代担任湖南大学机电学教授、主任。
	曾昭和	曾宪植父亲，14岁中秀才，是中国最后一批秀才。
第八代	曾宪植	曾国荃玄孙女，曾家第一个共产党员，叶剑英元帅第三任夫人，全国妇联副主席。儿子是解放军少将叶选宁。
	曾宪杰	曾国荃玄孙，著名画家，曾聘为澳门华南大学艺术学院院长、联合国文教委员。
	曾宪楷	曾国荃玄孙女，中国人民大学教授，曾任清史研究所副所长。
	曾宪棨	曾国荃玄孙，美国奥克兰加州大学大众传媒学硕士，台湾“国防电视制作中心”主任。
	曾宪森	中国人民大学教授。

主要参考文献

1.（清）李鸿章、李翰章：《曾文正公全集》，线装书局，2014 年。
2. 唐浩明：《曾国藩家书》，岳麓书社，2015 年。
3. 唐浩明：《曾国藩日记》，岳麓书社，2015 年。
4. 唐浩明：《唐浩明点评曾国藩家书》，岳麓书社，2002 年。
5. 刘志惠：《曾纪泽日记》，中华书局，2013 年。
6. 潘德利、王宇：《曾纪泽年谱》，中国社会科学出版社，2011 年。
7. 何贻焜：《曾国藩评传》，中国文史出版社，2013 年。
8. 胡哲敷：《曾国藩治学方法》，当代中国出版社，2015 年。
9. 常万里：《曾国藩家教》，湖南人民出版社，2015 年。
10. 郦波：《曾国藩教子十法》，复旦大学出版社，2015 年。
11. 马东玉：《一个半圣人：王阳明和曾国藩》，团结出版社，2015 年。
12. 刘建强：《曾国藩幕府》，中国广播电视出版社，2005 年。
13. 罗益群：《曾国藩读书记》，长江文艺出版社，2004 年。
14. 成晓军、唐兆梅：《曾国藩家族》，重庆出版社，2006 年。
15. 董叢林：《百年家族：曾國藩》，立绪文化事业有限公司，1999 年。
16. 阎爱民：《中国古代的家教》，商务印书馆，2013 年。

17.（宋）朱熹：《朱子家训》，华东师范大学出版社，2014。

18. [美] 詹姆斯·E. 休斯：《富过三代》，东方出版社，2013 年。

19. 中国民营经济研究会家族企业委员会：《中国家族企业传承报告》，中信出版集团，2015 年。

20. 方朝晖：《儒家修身九讲》，清华大学出版社，2011 年。

21. 周锡冰：《中国家族企业为什么交不了班》，东方出版社，2014 年。

22. 茅理翔：《家业长青》，浙江人民出版社，2008。

23. 茅理翔：《百年传承》，浙江人民出版社，2013。

跋

曾国藩是中国近现代史上的名人，是中国历史上仅有的在立德、立功、立言上皆有大成就的两个人之一，也是传统社会修身齐家的典范。近年来，随着曾国藩热的兴起，曾国藩的家族也越来越为世人所关注。曾国藩家族和历史上的其他大家族相比，有三个明显的特点：人才多、家风好、传承久。

曾家发源于湖南的一个普通山村家庭，在曾国藩爷爷曾玉屏时，这个家庭的十几代人都靠务农而生，且几百年没有出过一个秀才，但在曾玉屏的努力下，迅速发展和崛起，儿子曾麟书考上了秀才，结束了家族几百年没有秀才的历史，孙子曾国藩考中了进士，此后的一百多年间一直都是名门望族。

总结曾国藩家族的奋斗和传承历史，我们发现，曾家注重对子弟的教育，宽和包容，尊重兴趣；注重建立家训，培养良好家风，并能因时而变，不因循守旧；在家族传承上，相对于权力、财富等传承，更注重精神传承与核心价值观的传承，并把核心价值观贯彻到了修身、治家、做事、交友、理政等各方面，可以说一以贯之。

家训是家族成员的行为规范和价值准则，核心价值观则是贯穿于其中的“魂”。相对于繁复的家训来说，“魂”具有高度的浓缩度，是家族精神的提炼。本书通过对曾国藩家族家训等资料的研究，从中提炼出了曾家的八个核心价值观：书、勤、和、俭、敬、省、恕、健，并对其一一进行了详细阐述，这八个核心价值观也是曾国藩家族长盛不衰的奥秘所在。

当前，家风家训受到社会各界广泛关注，且已经超出了家庭建设的范畴，成为事关执政党党风廉政建设的重要课题，习近平总书记多次强调领导干部要把家风建设摆在重要位置，廉洁修身、廉洁齐家。在这一背景下，曾国藩家族的家风家训具有重要的时代意义。

我对曾国藩的关注始于读研期间，他的《家书》和《日记》购买过多个版本，其中重要部分早已熟读多遍，为了撰写好本书，又对他的《家书》《日记》《书札》《诗文》《奏稿》等主要著作进行了认真研读。本书初稿完成后，我在北京的一些社区开了《曾国藩家族的家教家风》公益课程，讲授了书中的部分章节，效果非常好，听众们也提出了一些问题，特别是在如何与现实的家风建设结合方面提出了一些很好的建议。在授课的基础上，我对本书进行了修改完善，最终形成了这样一种章节体例及内容安排。

本书字数不多，但我感觉，已经把曾国藩家族家风家教的核心部分阐述清楚了，读者朋友通过阅读本书，就能对曾国藩家族的家教家风有一个较全面深入的了解。当然，家教家风不仅仅是理论知识，更是需要实践的学问，我撰写这本书的出发点，也不只是为了向读者介绍曾国藩家族的家教家风，而是希望通过这本书，能激发读者对古人教子齐家智慧的兴趣，并自觉实践它，自觉吸纳古人智慧来建设好我们每个人都有的心灵港湾。中国的传统文化和西方的理论知识大相径庭，讲究知行合一，相信读者朋友通过实践后，对于曾国藩家族家教家风及核心价值观的卓越之处自会有一番切身体会！对于中国文化的博大精深之处自会有一番亲身感悟！

为了更好弘扬儒家生民文化，传播传统家国理念，2016年，我创办了生民书院及网站，大陆新儒家陈明教授、秋风教授欣然接受担任网站的学术顾问，特别是陈明教授，在百忙之中还抽出时间来为本书撰写序言，他们这种无私的精神让我感动，在这里要向两位师长表示诚挚的感谢。

研究儒学以来，结识了很多师友，例如，大陆新儒家康晓光教授，清华大学方朝晖教授，人民大学彭永捷教授、温海明教授、韩星教授，首都经济贸易大学王瑞昌教授，儒家网总编任重先生，儒教网主编王达三先生，大同思想网创始人枕戈先生，“全球未来论坛”微信群主徐治道先生，江右弘道书院山长弘毅先生，台湾《鹅湖》月刊编辑魏美玲女士，还有很多师友，从他们身上我学到了很多东西，受到了很多砥砺，在此要对所有相识相行相砺的师友表示诚挚的感谢！

本书在出版过程中，得到了新华出版社的大力支持，尤其是王婷女士，对本书的顺利出版提供了很多帮助，在此表示真诚的谢意！

最后，要感谢我们的父母，他们这一代人因为时代的原因，并没有接受太多的传统文化教育，对传统家风也不是很了解，但用爱心为我们营造了一个温馨的成长环境，让我们从小就懂得勤奋、和谐、爱和宽容，这就是朴实的家风！也是最需要我们传承的家风！

姜志勇

2016.6.14